ＪＫ店で本番することが生きがい

アコ（一七）高二。幼少期に両親が離婚し、父親に育てられる

店長のために、わたしはウリをはじめました

アオイ（一八）

中流家庭の長女として生まれ、高二で業界入り。リフレで働いている

右上：**サリナ（一七）**北関東在住のハーフ。小六でグレてクラブでハメを外す日々／右下：**スミレ（一七）**神奈川出身。高校入学してすぐに家出し、歌舞伎町にきた

左上：**ミズキ（二十五）**首都圏在住。金持ちではないが、貧乏でもない家庭に育つ／左下：**ララ（二十代前半）**首都圏在住。有名大学に通う現役女子大生のＪＫスカウト

アカリ（一七）首都圏在住。高校中退後にＪＫ店に。お散歩で援交相手を探す

もう、フツーのバイトはできないです

右：ノゾミ（一九）埼玉出身。高二からアイドル活動をはじめる。就職活動中／左上：カナ（二三）北関東出身。中流家庭の長女。ソープ嬢を辞めてリフレにきた

左下：ユキ（一六）関東某所在住。高校には行かずバイトの日々を送っていた

ヤらずにどこまで稼げるか、ゲームしてる

ケイ（二十）関東在住。一八歳で都内の派遣型リフレに

ミワ（一七）関東在住。一六歳ではじめて援交した

罪悪感？全然ないよ

【裏オプ】

裏オプションの略語。ＪＫビジネスで行われている添い寝やハグなどの通常のオプションに対し、メニュー表にない裏のプレイを指す。多くの場合、フェラチオや本番などの性行為を意味する。ウリ、援助交際、パパ活と同じ売春の意もある。

目次

カバー・表紙イラスト　和田海苔子
装丁　伊藤信久

裏オプ

ＪＫビジネスを
天国と呼ぶ
〝女子高生〟
12人の生告白

高木瑞穂

プロローグ　騙される大人

向かいに座る男が、スマホに収められた複数の写真を差し出した。

一枚目。前髪を束ねて上げた額に、小さな傷痕が見える。

二枚目。黒いノースリーブを着た若い女性の横向き写真。殴られた痕なのか、左腕が肩から肘にかけて痛々しいまでに痣だらけだ。

二〇一七年、四月。

僕は新宿歌舞伎町の純喫茶にいた。ライフワークであるＪＫビジネスの取材を続けるなか、知人に紹介されたのがその男、宮田賢介（仮名）だった。三九歳、都内で小さいながらもＩＴ関連の会社を切り盛りする経営者だ。

「額の傷は、ジュリナが働くＪＫビジネス店のオーナーからの暴力によるもの。二枚目の痣は、ジュリナが母親から虐待を受けている証拠写真です」

宮田は、僕が引くほどに何やら使命感に駆られていた。そしてもう一枚、唇を固く結びながらスマホで写真を表示した。

レースが付いたチェックのワンピースに、黒髪ストレート。加えて童顔で肌は色白。世のロリコン男性が好みそうな未成年者特有の危うさが漂っている。

この写真の少女が、オーナーと母親から虐待されているというジュリナだった。一六歳。高校は中退しているが、通っていれば高校一年の世代だという。

八歳年下の妻と未就学の二人の子供の四人で都内の高級マンションに住む宮田は、端から見れば勝ち組だ。しかし宮田は、歳がふた回りも離れたジュリナに家族に隠しきれないまでの大金を貢いでしまっていた。

ジュリナとは半年前に知り合った。

当初は一回五万円で買春するだけの関係だったが、次第に惹かれ、ついには自分名義で契約したスマホを買い与えたり、日々の生活費を工面したりするようになった。その額は月一〇〇万円にまでなっていた。

流行を取り入れた綺麗目のファッション。しかも年収は一千万超え。イケメンではないが、宮田に靡《なび》く女性は多いだろう。それが、なぜ年端のいかない少女にこれほどまで入れ込んでしまったのか。

「ジュリナは虐待から逃れるため、家を出ました。そこでＪＫビジネスで稼ぎながら飢えを凌いでいたところ、悪い男に捕まり軟禁状態で売春させられているのです。ほら、この男です」

そう言って次に宮田がスマホで示した一枚の画像には、恰幅のいいヤクザ風のツラ構えをした男が表示されていた。両脇にふたりずつ派手目なオンナを従え、高級外車をバックに、自分の権力を誇示するかのようにキメ顔を作っている。

宮田は、他にもジュリナが自撮りした写真や、中学生時代に学校で撮ったと思しき友達との集合写真などを僕に見せた後、ジュリナから送られて来たという、一通のラインのメッセージを読み上げた。

「女のコは八人いて、そのなかに信用しているコがひとりいて、誰かが警察に行ったとか、クスリをやったとか、売り上げをポッケしたとか社長に言ったら五〇万なので。社長と従業員の監視役みたいなものなので」

ざっと聞いただけでは一体、何のことか分からなかったが、宮田の解説で謎が解けた。つまり、社長とは強面の男のことで、その社長に内通している少女がいて、その少女に常に監視されている。そして不穏な動きをすれば、カネを餌に通報させる仕組みまであるということだった。

話が本当であれば監禁、とまでは言えないかもしれないが、軟禁状態にあることは間違いない。そうして少女を囲って売春させているとしたら、立派な犯罪である。

「なんとか彼女を助け出したい。だから力を貸してください」

宮田は、疲れと憤りとが交錯したような表情でそう懇願した。マスコミに取り上げられることで店が摘発されれば、少女を救える、と。

「父親は大学教授。母親は専業主婦の教育ママ。ジュリナは、そんな厳格な両親に育てられました。中学生になると、学校の成績が振るわず母親からの暴力が始まりました。試験の結果の度に、殴る、蹴る、の日々。虐待は次第にエスカレートし、高校生になった彼女は、母親から逃げるように家を出ました。歌舞伎町を彷徨《さまよ》うなかで知り合ったのが、先ほどの男です。ヤクザではないが、それに近い場所に身を置いています。男は歌舞伎町で闇の売春組織を運営していて、ジュリナはそこで軟禁状態で売春させられているのです」

少女を軟禁して売春させる闇の組織――こう聞いて真っ先に思い浮かぶのは〝援デリ〟だ。援デリとは、援助交際デリバリーヘルスの略語で、風営法の届出を出さずに営業する「もぐりの派遣型ヘルス」を指す。ツイッターや出会い系アプリで客を募り、最寄駅などで待ち合わせてラブホへ。一般的なデリヘルがヘルス・プレイを基本とするところ、援デリはそれだけでは終わらない。本番行為が常識の裏フーゾクだ。

単に援デリで働くだけなら、マスコミのスクープネタとしては弱い。とりあえず宮田の話を続けよう。

「その売春組織には、上は二四歳から下は一五歳まで八人ほどが働いているそうです。その半数が、ジュリナのような未成年の家出少女たち。会員制のガールズバーを舞台に、政治家や官僚、弁護士、会社経営者など社会的地位の高い好事家たちを相手に、一回五万でカラダを売らされています。そうして稼いだお金が貰えるならまだいいのですが、寮費としてその大半を男に取り上げられてしまい、食事代として日に千円しか与えられないのです。持っているスマホは男が逐一チェックするため、外部との接触も容易ではありません。それに、ジュリナは少女らと近場のマンションの一室で集団生活を強いられていて、さっきのラインのメッセージのように男の息のかかったひとりが監視役で、メールで助けを求めたり逃げる素振りなど少しでも不穏な動きをすれば男に通報され、一枚目の写真のように〝商品〟に傷がつかない程度に折檻されてしまうのです」

有名人が顧客の少女売春組織と聞いて僕は、〇三年に事件化した『プチエンジェル』のような組織だとイメージを膨らませた。

プチエンジェルとは、二九歳（当時）の男が経営していた児童買春デートクラブのことだ。東京・渋谷や新宿で、現役女子高生を使って少女を集め、男性客に斡旋。ついには赤坂のウィークリーマンションの一室で、四人の少女に目隠しと手錠をして監禁までするが、家族から捜索願が出され、男は七輪で練炭自殺を図り死亡。その隙を見て手錠を外して脱出した一人の少女をきっかけに、警察は四人を保護した。

仮にそうした監禁をしながら少女を働かせる非合法のデートクラブであるならば、そして本当に政治家や官僚が顧客であるならば、ライターにとっては喉から手が出るほど欲しいネタだ。裏取りして記事化すれば、大スクープになることは間違いない。

しかし宮田が「ジュリナと新宿のＪＫ散歩店『Ａ』で〝客〟と〝嬢〟として知り合った」と聞いて、途端に重苦しい気持ちになった。

「客入りの少ない日は、『Ａ』へ出稼ぎに行かされます。ジュリナとは、そこで何回か指名するうちに身の上話を聞くまでの仲になりました。最初は〝男〟を怖がって何も話してくれなかったのですが、次第に彼女の方から話すようになってくれて。稼ぎが少なければ、今度は地方の温泉街などに売り飛ばされる仕打ちが待っているそうです。なので、出勤日には必ず指名しています。働いている間は、男の監視の目が届かないしそれに、安らげるのです」

＊＊＊

ここで「JK散歩」の説明をしたい。

東京・秋葉原で生まれたメイド業界では、カフェやバーで追加料金を払えば店外デートができる店が少なくなかった。さらに歴史を紐解けば、呼び名は違えどメイド文化が誕生した二〇〇一年頃からこういった店の存在が確認されている。当時は店外デートといっても散歩ではなく〝観光案内〟で、メイド服を着た女のコが秋葉原の街を案内する趣向だった。こうして店外デートを〝お散歩〟と称するようになったのは二〇一二年に入った頃だ。多くはリフレ店のオプションサービスで、この散歩をウリにする店が急増した。

デートの行き先は食事やゲームセンターなどまちまちだが、カラオケボックスなど密室でふたりきりになる場合もあった。男性客は写真で散歩相手を指名し、一緒に外出してデートを楽しむ。料金相場は六〇分六千円。短時間では秋葉原界隈に限られるが、長時間拘束すれば女のコ次第で自宅に招いたり車でドライブしたりなどの遠征も可能、というのがどの店もほぼ変わらぬシステムである。メイド服や制服姿ではなく私服でのデートに応じる店も多く、傍目ではそれが〝仕事中〟とは分からない。だから警察や周囲の目を気にすることなくラブホテルへ行くことができた。デートの延長でカラオケボックスで手コキすることもあったし、援助交際を受け入れる場合もあった。

二〇一四年に突入してＪＫリフレから一八歳未満が締め出されてからは、摘発逃れのために業態の細分化が進む。ハグや添い寝など少女との接触行為が規制の網にかかると、需要の高いアンダー（十八歳未満の少女）を使って荒稼ぎを目論むオーナーは散歩だけを独立させた店を次々と誕生させた。

散歩店は、表向きは接触プレイがないといっても、実態は本番などの性サービスが横行していた。いくら客とのデートを提供しているだけという建前を振りかざしても、アンダーを雇っている限りいつ摘発されてもおかしくないグレーな業態であることに変わりはない。

そこで短期間で荒稼ぎするため、客が払うプレイ代はまるまる店の取り分で、女のコは「エンコーして稼げ」というシステムを採用する店が大半になった。

経営者からすれば買春客を紹介してやっているという身勝手な理屈だが、一方の少女たちも「ウチらアンダーを雇ってくれる」と甘んじて受け入れた側面があったのは事実だ。

散歩店は事実上、本番アリの援デリであり、売春行為前提で男女のデートをセッティングするデートクラブ（交際クラブ）である。

デートクラブは東京都では「デートクラブ営業等の規制に関する条例」、いわゆる「デートクラブ条例」に準じた運営がなされているが、散歩は例外だった。東京で規制が追いついたのは、散歩が一八歳未満による接客を禁止する特定異性接客営業の枠組みに入り、いわゆる〝ＪＫビジネス条例〟として施行された、二〇一七年七月のことだ。

あるＪＫビジネス経営者の男は当時、僕の取材にこう答えている。

「散歩は正直、こうして野放しにされてるのがオカシイと思う。それで警察の見解を聞いたことがあります。曰く、デートクラブと散歩の違いは、デートクラブは条例に基づき一時金で紹介するシステム。しかし散歩は条例の範囲外で、一時金ではなく時間で女のコを貸している。その限りなら散歩もレンタル彼女も大丈夫だ、と。それなら何がダメなのかと聞けば、写真で選ぶとデートクラブ条例が適用されると。ではヘルスでの写真指名はいいのかと聞けば、ヘリクツを言うなと聞く耳を持たなかった。つまり客に写真指名をさせなければ散歩は大丈夫と言うんだけど、名前が違うだけで中身はデートクラブだからね。なぜ条例を申請して大手を振って商売しないかが分からない」

しかしＪＫ散歩業者は、グレーなこの状況を　オイシイと考え、条例の範囲外で攻め続けていた。

二〇一四年六月には、アメリカの年次報告書において、ＪＫお散歩が性目的の人身売買（援助交際）の例として指摘された。散歩＝援助交際と結びつけるのはさすがに飛躍し過ぎかに思えたが、当時の散歩嬢が話した実態は、決して間違いとは言えないものでもあった。

「エンコー目的のコは基本、リフレじゃなくお散歩で働いていました。だって誰にもバレずに裏オプして稼げるから。私たちはもう、散歩店で働く＝裏オプが当たり前の世代。裏オプばかりの店で、ひとりだけ拒んでいたら全くお客さんはつかないし、稼げないし。エンコーとお散歩って似てる。外で会って、コース料金以外の裏オプ代はすべて自分のものになるから。エンコー目的のウチらにとってお散歩は、客をマッチングしてくれる出会い系サイトみたいなものでした。歩合なので日によるけど、多い日で五〜六万円。週二〜三日しか出勤してなかったこともあったけど毎月、確実に二〇万以上にはなった。

最高は六〇万です。なかには一〇〇万以上稼いでいるコもいた。洋服代、カラオケ代、化粧品代、ネイル代……稼いだお金はぜんぶ使っちゃいました。稼ぎたい。でもキャバや風俗で働ける年齢じゃない。それで見つけたのがＪＫビジネスだった。ちょっとでも割のいいバイトとなると……リフレしかなく、特に何の抵抗もなく働き出して。裏オプを覚え、今度はお散歩で本番するようになって。やましいことしてるって感覚がなかったから、私も友達に紹介したりして。カラダを売ることには抵抗があったけど、まあ、ちょっと我慢すればお金が貰えたから」(散歩店で働いていた現役女子高生)

二〇一六年三月には、国連の特別報告書がJKビジネスの禁止を勧告した。女子中高生の間で「稀なことではない」とし、「いったんその仕事につけば、雇い主や顧客により、しばしば性的サービスを強要される」と指摘したのだ。しかもJKビジネスや売春をした少女に面談したところ、「全員がJKビジネスがなくなることを望んでいた」という。

これまで数多のJKビジネス業者や、女子高生を取材をしてきた僕は「稀なことではない」には同意する。しかしそれは「一八歳の高校生についても補導対象」になった二〇一五年一月以前の話であり、いまは〝稀〟。全盛期にアルバイト先の選択肢の一つとして機能していたに過ぎず、現在は店が減り女のコも減った。単純なリクツである。

「性的サービスを強要」は明らかに間違いだ。裏オプという名の性的サービスは、店のシステムにない行為だ。そこには客からの〝交渉〟はあっても、雇い主の〝強要〟はない。散歩嬢が「(性行為を)ちょっと我慢すればお金が貰える」と言うように、少女たちはカネのため、自らの意志でJKビジネスに手を染めている。

だから少女たちは〝被害者〟ではない。どころか、こうしたマスコミ報道で働き口がなくなるのを最も恐れていた。

＊＊＊

話を戻そう。

ジュリナは、少なくとも『A』で働いている時間は自由だ。男の監視はなく、逃げることも警察に助けを求めることもできる。

ならば「その隙に警察に駆けこめば」と提言したが、宮田は即座に首を横に振った。

「私もそう思って彼女に言ったのですが、『そんなことをしても無駄』だと。理由を問いただすと、所轄に内通者の警察官がいるので、男がパクられることも店が摘発されることも絶対にない。その警察官にリベートを払うことでお目こぼしされていると言うのです」

これまで宮田が話した内容は、単に少女からの受け売りに過ぎない。写真と証言だけで、宮田が実際に見たり、調べたことではない。腑に落ちない点がいくつも散見する。だが宮田は真顔で助けを求め続けた。

「親から逃げるジュリナには、頼る大人が私しかいません。なので、その内通者の警察官の息がかからない所で店を摘発してもらい、彼女を自由にしてあげたいのです。そのためにはマスコミの力が必要なのです」

そう懇願するのに反比例するように、僕の気持ちは後ずさりした。そして「仮に摘発され、彼女が自由になったらどうするのか」と、聞いた。

「ジュリナと一緒になるつもりです。家族を捨てる覚悟です」

いま縁を切ればまだ、単なる火遊びで済む。しかしこのまま関係を持ち続ければ、ずるずるとカネを毟られるだけでなく、少女が補導されたが最後、児童買春で逮捕され家族も社会的地位も失う。

「単に騙されているだけでは……」と喉まで出かかった言葉を、すんでのところで飲み込んだ。反証する材料が乏しい状態で制止しても、宮田は全く聞く耳を持たないだろう。そう思わせるだけジュリナに毒された宮田は、既に盲目になっていた。

悪い男に軟禁されながら売春を強いられる日々。おまけに両親からの虐待だ。そんな境遇を自分だけに打ち明けられれば救いの手を差し伸べたくなるのも分かる。カネが介在しているとはいえ、ジュリナが自分だけに身も心も許していると勘違いしても不思議ではない。

しかし、店に出勤して客と会うということが軟禁状態と言えるだろうか。そうした虐げられた境遇をエサにカネを引っ張るキャバ嬢やフーゾク嬢は昔からいる。

ジュリナが本気で宮田に助けを求めているとは思えない。その証拠に、「直接会って話を聞きたい」と打診したが、ジュリナの意向で叶わない。

だからこそ、僕には少女のドス黒い素顔が見え隠れするような気がしたのだ。カラダと身の上話だけで、宮田の身包みを剥ごうとしているかもしれない、その強かな手口に。

ジュリナは宮田を騙しているだけなのか。それとも本当に助けを求めているのか。いずれにせよ、いまも宮田はジュリナを盲信し続けている。

気づけば、約半年間で計五〇〇万円を少女に貢いでしまい、いま、家族崩壊の瀬戸際に立たされている。

第一章 孤独

「売春して自信が持てた」（アコ　一七歳）

「お金はもちろん、予約でいっぱいになると、本当に嬉しい。リフレ嬢だったらわかると思うんですけど、『あっ、私、求められてる』って実感できるんです」

アコと会うのは、実は二度目だ。一度目は、某国の国営放送の取材クルーに、知人のテレビ・ディレクターを通じてキャスティングを依頼されたとき。条件は、「現役女子高生でＪＫビジネスで働いている」だった。そこで知人のブロガーの男を頼ったところ、なんとか取材を受けてくれたのがアコだった。

東京・新宿歌舞伎町。

仕事場からほど近い路上で落ち合ったアコは、小柄で、ほどよく肉がついたカラダをしていた。加えて肩まで伸びた艶のあるストレートの黒髪に、薄い縦縞が入った水色のワンピース姿だった。

取材クルーを待つ間、アコとブロガーの男が交わした会話を、いまも鮮明に覚えている。

「昨日、初めて出勤枠が全部埋まったんですよ。だから、いま、超ハッピー。あー、今日も満枠になるといいな」

「良かったね。アコちゃん頑張ってるからね。いま、いくらでしてるの？」

「三（万円）くらいです」

小耳に挟んだその会話について、彼女に「何がそんなに嬉しいの」と聞いたところ、返ってきたのが冒頭の言葉だった。正直、驚いた。

これまで仕事のスケジュールが真っ白だったアイドルやタレントが、活動が実りファンが増えて営業やテレビ出演などで予定がいっぱいになったのなら、話は分かる。しかし、高校二年生の少女が、まるでプロの風俗嬢のごとくセックスの予約でスケジュールが埋まることに充実感を覚えるとは、やはり普通であるはずがない。二〇一七年三月のことである。

二度目の出会いも、一度目と同じく新宿歌舞伎町。彼女のウリ場からほど近い路上だった。

取材にあたり、二度目もブロガーの男を頼ったが、既に男とは連絡が取れなくなっていた。それで裏オプのことなどを包み隠さず話してくれることを条件に、誰か取材を受けてくれるコはいないかと元アンダー店のオーナーを頼ったところ、昔のツテを辿って連れてきてくれたのがアコだった。僕は、偶然とはいえこうして二度、彼女と会ったことに驚いた。堂々とＪＫビジネス店で働けるオーバー（一八歳以上）の少女ならいざ知らず、アンダーの取材は例え取材のアポが取れたとしても、必ず来てくれる保証などどこにもないからだ。

それは、ひとたび取材を始めれば嫌でも実感できることだ。

匿名にならざるを得ないため、雑誌やウェブに掲載されたところで宣伝にはならない。どころか身バレのリスクも付き纏う。わざわざ時間を割いて家庭環境からカラダを売っている現状まで自分の半生を語るメリットなど、何もないのである。

「一時間半後くらいには出たいんですけど、いいですか？」

インタビュー後は、予約客たちのため、そのまま在籍するＪＫ散歩店の待機所へ直行するという。初対面から二ヶ月が過ぎ、彼女は店で上位を争う超がつく売れっコになっていた。

「あと、私、変にマジメなことしか言えないですけど、いいですか？　みんなみたいに浮ついた感じでやってるわけじゃないから、それでも大丈夫なら、全然」

もちろんそれも了承し、そのまま近場のカラオケボックスに向かった。メイクで背伸びして見せるが、まだまだあどけなさが残る。良識ある大人なら、一緒に歩くのさえ憚られる年齢だった。

「両親は幼い頃に離婚しました。私が物心つく前に離婚して、お母さんとはそれから一切、会ってないです。以来、父子家庭で育ちました。アパート暮らしでしたが、貧乏ながらにフツーに幸せでした。お父さんは自営で内装関係の仕事をしてたので、ちゃんと定期収入もあったし。でも、そのお父さんも中二の時に病死しました。だから、それからはずっとひとり。兄弟もいないです。

エンコーを始めた理由？　お客さんにもよく聞かれるんですが、分かんないんですよ。何で始めちゃったんだろう……。でも、最初から、お金を稼ぐことがメチャクチャ楽しかったです。元いた家がちょっと貧乏だったということもあると思うんですが、『お金ってサイコー！』みたいな。

なんとなく暇つぶしで出会い系を始めたら、エンコーしてるコがいたのがきっかけでした。当時はツイッターも併用してたけど、ツイッターだとケータイ番号登録でアカウントが見つかっちゃう危険性がある。『知り合いかも？』と、検索ロボットでリア友に知らされちゃって、それで一回、自分のアカウントが同級生にバレたことがあったから。それに気づいてからは、必ず出会い系のアプリでやるようにしてる。値段はゴムありでイチゴー（一万五千円）で、半年間で一〇〇人くらいとやりました。やっぱり反抗したんですかね、降って湧いてきたような幸せに。ほんと、自分でもよく分からない」

天涯孤独になったアコは親戚に引き取られた。そこで待っていたのは、かつての貧乏暮らしと真逆の〝裕福で温かい家庭〟。だがそれは、次第に〝違和感〟へと変わった。押し付けがましい幸せにじっとはしていられなかったが、まさか出会い系アプリを使って援助交際を始めるとは自分でも思っていなかった。一六歳の春だった。

いきなり与えられた、ステレオタイプな幸せな家庭像。それに反抗するかのごとくはじめた援助交際――。置かれた環境によりその反発方法はまちまちだが、多くの高校生が経験する、思春期特有の複雑な感情か。

しかし、マコからはなげやりな印象は届いてこない。淡々と、時に笑みまで浮かべて話す。

援助交際は、高校入学時から続けていた一般的なアルバイトとの掛け持ちだった。ファミレス、コンビニ、介護補助……時給は、いずれも千円にも満たない。夏休みは、コンビニで一二連勤したこともあった。それでも援助交際一本には絞らなかった。

「昼職もしないと金銭感覚がオカシクなるなと思って。このままエンコーだけを続けたら、ずるずると深みにハマると思ったから。まあ、貯金しなくても大抵の物は買えたので、既にオカシかったんでしょうけど」

アルバイトでは月に一〇万円が限界だったというが、高校生からすれば大金に違いない。

「もっと、もっと」とエスカレートしたのか。

「いや、もうその時はお金とか興味なかった。〝求められてる感〟とか、そっちじゃないですかね。自分でもよく分からないけど、それが嬉しかったのは事実だから。その頃は、お金で〝幸せが買える〟と思ってた。若いからって理由で売れるワケじゃないですか。そんなのわかってたけど、カラダだけでもいいから私のことを求めてくれることが嬉しかったから。まあ、いまはお金のために働いてますけど」

なぜカラダを売ったのか。僕はアコの言葉だけでは理解できないでいた。そこで、あえて承認欲求という便利な言葉を使ってみた。不特定多数とセックスことで「満たされていたのでは」と。

「どうですかね。うーん、繰り返しになるけど、とにかく嬉しかったです。『メチャ楽しいー』みたいな」

明確な答えなどなかった。何度も同じ質問を繰り返したが、笑顔でこうおどけてみせる。

「カラダを売ることなんて大したことじゃない」。表情は、それが愚問だと訴えている。

だからと言って、単に嬉しかっただけなのだろうか。アコの素行の裏側を解き明かすには過去を知らなければならない。

僕はアコに、買春した客たちの素性から尋ねた。

「みんな二〇代でした。だからフッーの大学生と遊んでる感覚でした。それでお金も貰えて」

「初体験は?」と聞くと、「中一。ちゃんと付き合った同い年の彼氏としました。それからは、セフレはいたけど彼氏はいません」と言う。

少し早熟な気もするが、異常というわけではない。しかしセフレがいたということは、彼氏じゃなくてもセックスはできるということか。

「ウフフ、どうなんですかね。あんま考えてなかったです。毎日、がむしゃらに生きてたから」

そう曖昧な答えに終始したのはなぜだろう。彼氏以外とセックスすることは厭わないのだろうが、それがカネで抱かれることを正当化する理由にはなりはしない。やはり親戚の家は居心地が悪く、居場所を求めて援助交際をはじめたのだろうか。

「うーん、居心地は良かったんですけど。私、お父さんが小三くらいから月に二、三回しか帰ってこなくて、ずっとひとりだったんですよ。それが突然、『はい、温かい家族です』みたいになって。みんな優しくしてくれるけど、こんな私に良くしてくれる〝申し訳なさ〟の方が大きくて。朝、昼、晩と、全て自炊して学校に行く以外はひたすら家事だけをしていた生活から、いきなりドラマに出てくるような〝幸せな家族〟です。洋服も好きなだけ買えます、黙ってても三食分のご飯が出ます。それで、アレ？　みたいな。そんな生活に凄く違和感がありました」

他人ではない。しかし本当の親でもない人たちが親以上に愛情を注いでくれることに違和感があった。

「それで反抗してカラダを売ったんですかね、自分でもよく分からない。でも確実に言えるのは、さっきも言ったけど『早くこの家から出なきゃ』と、寝ても覚めても思っていたことです」

アコはいま、親戚宅を離れ都内の保護施設に身を寄せている。

「保護者（親戚）にエンコーがバレたんですよ。それで、また違う親戚の家に引き取られることになって。そこで、差別みたいなことがあって。本当の息子や娘じゃないからそんなに可愛がられないじゃないですか。そんな空気が態度や言動から感じられて、それが嫌で家に帰りたくなくて、『家出しちゃえ！』って」

赤の他人との暮らしの方が気がラクだ。それで心を突き動かされるままに家を出た。

援助交際が発覚した理由は、アコの外泊ぐせにあった。家に寄り付かなくなったアコを不審に思った親戚は、止むに止まれずアコの部屋を漁る。


〈八月十三日、三万円〉


机の引き出しから発見した手帳には、日々の援助交際で得たカネが克明に記されていた。

「これは普通のバイトでは稼げない金額だよね」

そう親戚に問い詰められたアコは、仕方なく白状した。

「部屋まで漁るのはアコちゃんのことを心配してくれていたとも言えるよね」と聞くと、痛いところを突かれた、といった表情で同調した。

「それは……思いました。でもエンコーをヤメるつもりはなかった。むしろ、〝本当の家族との幸せじゃなくていきなり押し付けられた幸せ像〟に反発するかのようにエンコーの回数が増えました。それでセックスを、すればするほど『こんな私が愛されちゃいけない』という思いが募った。だから『早く家を出なきゃ』と、前にも増して思うようになった。もちろん、それが自分のダメな所ではあるとは思うんですけど……バカですよね？自分でもそう思います。でも、仕事（売春）をしている、いまが楽しいから」

その場に一瞬、沈黙と共に緊張感が走った。口は真一文字に締めるが、目は眼光鋭くこちらを睨みつける。それを僕は、アコが売春する理由を上手く咀嚼できず、苦しみ、もがき、すぐにでも嘔吐してリセットしてしまいたい訴えのように感じた。

援助交際やＪＫビジネスでカラダを売る少女たちの大多数は多かれ少なかれアイドルやホストに貢いでいる。しかし、アコは違った。

「稼いだお金は洋服とか食事代に使っています。欲しかったヴィトンのお財布（一五万円）も買いました。簡単ではないけどパッと稼げちゃうから、パッと使ってました」

そう話すと、アコは一呼吸置いて、「だから」と続けた。

「誰かに貢いでるとかは一切ないですね。アイドルとか男に貢いで、向こうは『何を与えてくれるの?』って思っちゃう。でも、男に貢ぐ方が目標があっていいじゃないですか。私にはそういう〝支え〟がないから、逆に羨ましい」

少し苦笑いした。負け惜しみのようにも聞こえるが、これは目標のないまま売春をする状況における迷いである。アコの心が揺れる決定的な要因は、そうした支えがないからだ。

もっとも、ここにアコが売春をする理由が眠っているのも確かだろう。大人に求められることで満たされる、目標がない自分の行為を肯定してくれるのである。

こうして目標のないまま売春を続けて半年後、JKビジネスを知り都内の散歩店に流れ着いた。

「JKビジネスも自分でツイッターで知り、自分からDM(ダイレクトメール)で応募しました。ツイッターを始める前は、その存在すら知らなかった。個人ではなく、店を通そうと思ったのは、単純に面白そうだと思ったから。ほんと、狂ったように(裏オプ)やってました。でも個人では、一日平均ふたりくらいが限界でしたね。個人だと会うのも大変だから。場所は新宿や渋谷のラブホ。あっ、相手の家に行ったこともありました。いま思えば『危ない橋を渡ってたな』と思います。でも大丈夫でした。みんな良い人でしたね、ちゃんとお金もくれたし」

性風俗では働けない年齢であること、そこに来て性風俗並みに稼げ、しかもラクであることで、一三年頃からＪＫビジネス市場は拡大した。

＊＊＊

現役女子高生たちが軽いアルバイト感覚で手を染めていたＪＫビジネス業界は、摘発や条例の強化により姿を変えた。それまで女子高生の裏バイトといえば出会い系サイトや出会いカフェを介した援助交際が多かったが、〇八年にメイド文化の発祥の地、東京・秋葉原に誕生した『ＪＫリフレ あきば踏んデレ学園 体育の時間』から、時を経て一一年頃に生まれたＪＫビジネスに変わりつつあった。

ＪＫビジネスを世に知らしめたのは、一二年、『女子高生見学クラブ・Ｊ-ＫＥＮ（後にマンボーに改名）』の摘発だった。黎明期は、せいぜい客にマジックミラー越しに下着を見せたり、ハグや添い寝をしたりまでで性行為には至らず、フーゾクというよりはラクして稼げる放課後のコミュニティという側面が強かった。集まる少女たちも、高校中退者や身分を隠してクラブ遊びに耽るギャルなどで、優等生が足を踏み入れる場所ではなかった。

しかし、相次ぐ摘発でソフトな店は消え、行き場を失った女子高生たちはより過激化、アングラ化したＪＫビジネス店に身を寄せるしかなくなってしまう。いつ摘発されるやもしれぬアングラ店では、少女も経営者も短期間で荒稼ぎするしかなく、そこでは性行為を意味する〝裏オプ〟が常態化した。そしてＳＮＳや口コミで〝稼げる〟と知り、いまやフツーの少女がカラダとカネを裏取引するようになった。その取引場はＪＫ散歩店であることが多かった。

二〇一三年一二月、このＪＫ散歩に初めて捜査のメスが入った。東京・秋葉原で働く一五～一七歳の現役高校生一一人と無職の少女ふたりが一斉補導されたのだ。

同月、今度は店で知り合った高校二年の女子生徒（一七歳）にワイセツな行為をしたとして、客の男が児童買春・ポルノ禁止法違反（買春）で逮捕された。

僕はこうして補導や逮捕が繰り返されたＪＫ散歩を取材したとき、ここが売買春の温床であることを痛感した。

その背景は、アンダーを雇う店が他になかったことに尽きる。ブログやツイッターだけで宣伝し、女のコの指名やプレイ代を受け付ける実店舗を持たずに〝闇営業〟するなど、デリバリーヘルスかのごとく運営形態を巧妙化させ、規制強化や相次ぐ摘発を尻目にアンダーと知りながら職場を追われた少女たちを雇っていた。そして経営者がリスクを犯す理由をたどると、決して衝動的ではないこともわかった。

実店舗を持たぬため開業資金が安く、供給より需要が圧倒的に優っていたため、アンダーたちを口コミなどで簡単に集めることができた。当時は摘発されても職業安定法による有害業務違反が適用されることが通例だったため、罰金三〇万ほどと軽い量刑が課せられることがほとんど。さらに実態が把握しづらい運営スタイルだったため、先の事例のように働く少女たちの補導か、補導により発覚した客の買春容疑での逮捕が関の山。事実、捜査関係者は「ガサ入れ時に売春行為を立証する〝現場〟がない。だから、どうしても店舗型より後回しになる」と、地団駄を踏んでいた。

＊＊＊

アコが出会い系アプリでの援助交際から散歩店での売春に切り替えたのは、自然な流れだったに違いない。スマホを駆使して自ら客を探さなくとも、ただ待っているだけで客を斡旋してくれる。アンダーの相場が三万円のところ、当初は新宿の散歩店『B』でその半値でカラダを売った。

「当時はそれ（一万五千円）が相場だと思ってました。ていうか、出会い系アプリではアンダーだと買ってくれないんですよ。みんな一八歳以上じゃないと手を出したがらない。だから一八だとウソをついてた。そうすると〝価値〟が下がってアンダー価格じゃなくなるんですよ。だから、会ってから一六だと打ち明けたこともありました。すると、『あー、おれヤバいわー』と言いつつ、こっちが値段を釣り上げてもやる、みたいな」

アコほどの若さと容姿であれば、客となる大人は引きも切らないだろう。ＡＫＢにいても不思議じゃない少女が、たった一万五千円で買えるのである。

当初は求められているのが「嬉しかった」というが、いまはカネもそのトリガーになっていた。相場はゴムあり本番で三万円。多い日は六～七人とセックスし、ＪＫビジネスでの売春も約半年で一〇〇人を超えた。取材の前月は八〇万円もの大金を手にしていた。

「聞いてください、先週の日曜日、予約が七本も入ったんですよ。リフレ嬢だったら分かると思うんですけど、嬉しかった。やっぱり『求められてる』って」

カネと承認欲求の両方が同時に得られる。これほど良い商売はない、とでも言うのか。

いまや中高生がセックスをするなど珍しい時代ではない。証拠に、ＳＮＳを覗けば性行為の書き込みでいっぱいだ。

しかし、アコの場合は普通の彼氏、彼女の関係ではなく、そこにはまずカネが介入している。

「彼氏がいたらやってません。でも、告白されました、初デートでディズニーランド行きます、みたいな同年代のコたちが先輩や同級生とするような、フツーの恋愛はもうできないと思う。さっき言った〝求められる嬉しさ〟って、より多くの人から愛情を得たいという欲求なのかも。カラダを売る代わりにちょっとした満足感を得る、みたいな」

そこには必ずカネが必要なのか。タダで求められたら、どうなのかと尋ねた。

「もちろんお金が絡まないセックスもしてます。やっぱり快感が違いますよね。セフレとだと『めっちゃ気持ちいい！』みたいな、アハハ。私、セックスはメチャクチャ好きです」

アコは、いつしかセックスの虜になっていた。

売春とは別に、いまはセフレがふたり。束の間の愛情をくれるなら、別にカネを貰わなくてもいい。セフレはもちろん、大人たちに抱かれる時も嫌悪感はない。

「まあ、お客のなかには雑な人もいるから痛かったりもします。お客さんとのセックスは後で寂しくなりますよね。結局、カラダだけなのは分かってるから。もちろん愛情なんてなくて、若さだけ、アンダーっていう価値だけなのも理解してる。だから、最近は『ああ、一八になったら捨てられるんだろうなぁ』、と思って仕事してます」

セックスで得られる快楽だけならセフレで良い。なのに、なぜ寂しさからくる焦燥感に駆られながらカネが発生するＪＫビジネスで売春するのか。大人たちの裏の顔を知っているか知らずか、アコは自ら渦中に飛び込んでいく。

「いや、最初はお金を貰わなくてもいいと思ってたんですよ。でも今は、お金が必要になった。お金があれば大抵のことができるじゃないですか。『愛は買えない』とか言うけど、実際は買えるし。だから売れるモン売って、稼げるだけ稼ぎたい。『お金で幸せが買えるんだ』って気付いたから、その路線で頑張ろうかなって」

援助交際をしていた時期は反抗期だった。悪いコトをして親を「困らせてやろう」という側面もあったと言う。両親が離婚し、父親が病死。天涯孤独で世間知らずの少女は、少し大人になり、いつしかカネの魔力にも取り憑かれてしまっていた。

「アコちゃんの幸せって？」

その答えなどないことは分かっていたが、あえて質問した。アコは、「アハハ、何なんでしょうね。分かってたらこんな仕事してませんよ」と、そっけない。

「それって、お父さんとお母さんもいて、みたいな家族の生活では？」

「あー、確かに幸せかもしれない」

「幸せかどうかは分からないけど、憧れはある?」

「憧れますね、うん。満足できる家庭環境にいれば、自分に自信が持てると思うから。いい循環になると思う」

「それが幸せかどうかは別として、だよね」

「うん。少なくとも自分に自信が持てるような気がします」

アコはこれまで、こうして自分の幸福観について真剣に向き合ったことなどなかったのだろう。話しているうちにその答えが朧《おぼろ》げながら見えてきたのか、先ほどまでとは一転、明るく、そして饒舌になった。

「とにかくカラダを求められることが幸せ?」

「うん。少なくとも自分に自信が持てるようになった気がします」

「自分に自信がなかったってこと?」

「なかったですね。どうせ『若さだけだし』って。それしか思わなかった」

「自分の容姿のこと?」

「それもあるし、ババアになったらどうせ捨てられるんだよねって。一八になったらアンダーじゃなくなるから、ポイって」

「お客さんに見向きもされなくなる恐怖があるんだね」

「ある。セフレにとってはアンダーという価値だけじゃないと思うから大丈夫かな」

支えがないと嘆いていたとは思えない、自信に満ちた言葉が返ってきた。アコに、社会のレールからはみ出してしまった者の特有の悲壮感は消えていた。


アコは稼いだカネをすぐには使わない。残れば散財などせず貯金に回した。通帳にはいま、七〇万円の数字が並んでいる。

「私が通ってるのは割とマジメな進学校で、JKビジネスをやってない周りのコに比べたら使ってると思うけど、お散歩嬢の平均からすれば地味な方だと思います。夜遊びしまくってる訳でもないし、ホストに貢いでるわけでもないし。まあ（お金が）勿体ないと思うから。アンダーのお散歩嬢は、ホストよりボーイズバーに通ってるコが多い。私は行ったことがないけど、待機所では『ボーイズバー、めっちゃ面白い!』って話で持ち切りだから。でも男に貢いで何になるのか。何もリターンはないだろうなって」

アコが言う、愛はカネで買えるという言葉を借りれば、そのボーイズバーに通うコたちも、カネで愛を買っている。

「あー、確かに。まあ、そういう人がいてもいいなとは思います。でも、私はホスト系には興味がない」

「なら、何に興味があるの」

「えー、服。あとは食べ物。それにお酒も好き、ウフフ。趣味とかはないですね。飲み食いしか興味ないんで、ひとりで、余裕で大衆居酒屋に行けちゃいます」

「結局、日々の暮らしを充実させるために売春をしているということ？」

「あっ、そんな感じですね。やっと答えが出た。なんで働いてるのか自分でも分かってなかったんです、私」

鼻で笑う。なぜカラダを売るのか。僕はこれまでの会話で、その答えなどないことこそがアコの実態だと思っていた。しかしアコは、いかにも呆れたように結論を下してしまった。僕は本当にアコの闇にたどり着けるのだろうか、と不安になる。

「生活費も売春で稼いだカネで賄っているの？」

「うーん、そうですね。でも保護施設にいるから、寝るところもあればご飯も出ます。学生の間は、寮費がタダらしくて『ラッキー』って。だから施設にいれば、基本、生活費はかからないです。私は言わないけど『服が欲しい』、『アイスが食べたい』と頼めば、買って来てくれるし。それに、お父さんが亡くなって生命保険が下りたから、いまはお金にはそんなに困ってないです。後見人の人が預かっていて、月々、少しずつ私の口座に振り込まれる感じで。まあ、そのお金には手をつけてないですけどね、ほとんど」

「親戚の家ではお小遣いは?」

「ありました、二万五千円。めっちゃもらってますよね。うん、もらってる、もらってる」

「そうして不自由なく暮らせる環境が嫌だった?」

「うーん、二万五千円なんて、結局はエンコーしてたお金の方が大きかったから、使ってなかった。お小遣いは、お父さんがいた頃も貰ってましたね。中学生だったので、フツーに三千円。それが親戚の家に引き取られた途端、一回目は一万五千円に跳ね上がって、次に移った先では二万五千円になった」

アコの学校でもJKビジネスは少なからず話題になっていた。お洒落盛りの女子高生ゆえ、割りのいいアルバイトの情報は鉄板ネタだったのだ。自ら進んでやっていることだから仕方がないのだが、汚い目で見られるのは目に見えている。

だからアコは裏オプしていることを隠し通す。会話の輪には入るが、「なになに、昨日のニュースで摘発されてたやつでしょ」と、カマトトぶった自分を差し出す。開いて見せるのは、修正液を塗りたくった真っ白なページだけだ。

「周りの友達は、本当に箱入り娘というか、純粋なＪＫばかりだから。中学から進学校で、成績も学年で、常に一桁台です。周りでエンコーしているコはいない。私も教えようとは思わないです。こういう世界に入っちゃダメだと思うから。中学の同級生で、私がＪＫビジネスで働いてることを知ってるコがこの業界に入っちゃったんですよ。金銭感覚は狂うし、『お金が介在しないセックスがマジでクソに思えてくるよ』と私は止めたんですけど。そして数ヶ月したら、やっぱり『本当にそうなっちゃった』って。彼氏も、デキたけど『本気で好きになれない』って。カラダを売るっていうのは、それと同時にココロも売ってるから、変に擦れてきちゃうというか。でも、私はウリすることで、逆に自信が持てた。だから親友がやるのは止めるけど、私はヤメない」

「何が自信になった？」

「例えカラダだけでもお客さんに求められたり、『フェラうまいね』って褒められたり」

「ＪＫビジネスで働くコは、『風俗と違って客を選べるから』ってコが多いけど」

「私は選んだことないですね。だって買ってくれてるんですよ。それだけで感謝です。選ぶコは『自分の価値を上げてんじゃねぇ！』って感じ。だからプレイもめちゃくちゃ頑張りますよ。フェラや玉ナメはもちろん、意外とMな人が多いから、乳首を舐めながら手コキとか、空いてる手も休みなく。だから『ヘルス嬢みたい』ってよく言われる」

「お客さんとのセックスで何て言われたら嬉しい？」

「フェラうまい」

「言われたことあるの？」

「あります。玉ナメするからじゃないですか。そう褒められて、『ああ、頑張った甲斐があるわ』って。求められるためにAV見てめっちゃ勉強しましたから。好きなのは上原亜衣さん。『鬼イカセ』シリーズが大好きです。彼女はほんと、プロ。あそこまでコーフンさせられるのって、ヤバいです」

「現役じゃなくなれば、JKビジネスから足を洗うの？」

「いや、うーん、どうしようかな。先のことはあまり考えてない。まあ、確実に賞品価値は下がってるだろうから、だったら常連の、アンダーだからとか年齢は関係なくよくしてくれるお客さんに対してだけ、個人でやろう（店を通さず売春する）かな、と」

基準にする「若さ」がなくなった後は、「パパ活する」と近い未来図を描く。それは「高級ソープとかに行かない限りは風俗より稼げる」という、アコが短い人生のなかで培った危うい知識からだ。

アコは自分の過去をあけすけに話す。主張するところは主張し、答えが見つからないところは「わからない」と正直に言う。答えに迷うと、時には僕の主張に同意することで結論を急いだが、それも必死に答えを探した結果での着地であったに違いない。

ふと見れば、腕には浅いリストカットの痕跡があった。「中学生の時に切った」と言う。

「なぜリスカしたの?」

「その時は死にたかった、アハハ。毎日、毎日が死にたかったですね。結構、ガチなリスカで、いつもOD(オーバードーズ)しながら切ってました。でも、それから切ってない。いまは眠剤と精神安定剤だけは飲んでます。それも軽いやつ。リスパダール、とか」

リスパダールと聞いて、過去に取材した、華原朋美と主治医が同じだった風俗嬢・ヒナノのことを思い出した。一八歳で出会ったヒナノは乖離性人格障害、いまでいうADHDを患っていた。落ちるたび、死にたくなるたびにリスカを繰り返していたが、タトゥーを覚えた後はリスカを止められた。その度に一つ、自作の兎のキャラクターを彫ることで「もう切らなくても自分が自分でいられる」と話していた。イラストレーターの卵であり場末のピンサロ嬢でもあった。しかしイラスト一本では食えず、性風俗の仕事で病んでリスカが止まらなかった。

「高木さん、助けて」

そんな悲痛な叫びの深夜コールが月に数回はかかってきた。その度に僕は朝まで、ヒナノの心が落ち着くまで電話につきあった。兎のキャラクターは、日に日にヒナノのカラダに刻まれた。そして五年後には、もう長袖長ズボンを履かないと隠せないほど増えていた。ヒナノは自殺願望と引き換えにカラダを刻んだ。しかし皮肉にも、いつしか性風俗店では雇ってもらえない〝商品〟になってしまっていた。

そんなことがあったから僕にはアコがリスカする気持ちがなんとなく分かる。だけどその自傷行為を止めたかった。リスカは、あくまでカラダを傷つけることで病みの矛先を外らし、「私はこんなに不幸のどん底にいる」と、同情を誘う行為に過ぎないのだから。

しかしアコは、リスカはあくまで過去のことで、いまは劣等意識の払拭にはならないと自覚していた。そして売春が、ヒナノでいう兎に当たるとでも言いたげな口調で続けた。

「でも、いまは死にたいとは思わないです、幸せだから。それにリスカしたら商品価値が下がるなって。だから最近はODだけですね。でもODもやめる。もう救急車で運ばれるのが嫌だから。リスカもODも、やっぱり汚点なんで親友にしか話してないです。その親友には、エンコーとかが原因だろうからヤメなよと言われた。それでも私がヤメなかったから、結局は自分の人生だから『落ちるとこまで落ちればいいじゃん』って、突き放された。でも、今でも仲はいいです、お互い信頼し合ってるから。リスカやODした時とかに救急車を呼んでくれたり、めっちゃ助けられてます」

「リスカの原因は?」

「それが全く覚えてないんですよ。死にたいって気持ちがあったことだけは覚えてるんですが」

「お父さんが帰ってこないから? 本当の親に愛されたかったから?」

「何なんですかね、記憶がない」

アコは、本当に記憶がすっぽりと抜け落ちているかのような能面づらで呆然としていた。アコの過去には、リスカの原因だけはカウントされていなかった。僕にはそれが売春の引き金のような気がしてならなかった。

夜まで店で待機し、指名が入れば男とホテルへ。仕事が終われば、保護施設に帰るか、客とそのまま朝まで過ごす。先のことは考えず、貢ぐ相手もいない彼女は、こうして明日も明後日も大人たちに抱かれるだけだ。

唯一の楽しみは、売春で得たカネで洋服を買ったり飲み食いしたりして気晴らしすることだけ。これが本当にアコが望む暮らしなのか。

「でも将来は福祉や医療系の道に進みたい。何か、人の役に立てる仕事に就きたい。過去に介護のバイトをしたことがあって、辛いけど、楽しさもあった。認知症のおばあちゃんに手紙を貰ったことがあって、それが凄く嬉しかったから」

これは彼女が幼い頃から持ち続ける夢だ。しかしこう未来像を描くが、いまは闇雲に貯金をするだけで具体的な行動には移していない。

それは売春が彼女に幸せをもたらしているからに違いない。カラダを売ることが生きる糧になっている以上、その渦中から飛び出す考えは浮かんでこない。さらに言えば、福祉の道が彼女の自信に繋がるとは限らない。

「仮にお父さんが生き返って、お母さんも戻ってきたら?」

最後に僕は、少し意地悪な質問をした。

「なんか、めっちゃ怒られそう。そしたら多分、ヤメますね」

そう答えた瞬間、アコはまた表情を曇らせた。

売春だけが孤独を癒してくれる。でも、本当は普通の家庭で暮らしていたらカラダなんて売らなかった――アコは浮かぬ顔つきだけで、そう雄弁に語っているようだった。

貢ぐ

第二章

「ぜんぶHey!Say!JUMPに貢ぎました」（ミワ 一七歳）

警察発表によると、二〇一七年七月から二〇一八年六月までの一年間に未成年者を補導した件数は約四四〇件に及んだ。一三歳から一八歳の少女たちで、その大多数を現役女子高生が占める。ツイッターなどで知り合った男性らと食事や買い物をしてお小遣いを貰う「デート援助交際」を持ちかけたとして補導したものだ。

この数字はデート援交に限られ、しかも補導件数に過ぎないため、実数はこれを優に凌ぐはずだ。警察は、JKビジネスで働いていた少女たちがデート援交に移行し、そこでも売買春が行われていると警戒する。しかし、この流入は二〇一七年七月に施行されたJKビジネス規制条例により、闇営業するアンダー店からも締め出されつつあった少女たちが、店を介さず個人での援助交際に原点回帰したに過ぎない。

こんなデータもある。

SNSなどに売春を持ちかける書き込みをしたとして北海道警察は、二〇一七年の一年間で一四歳から一九歳までの少年少女、五六人を補導した。前年の四倍以上に増えていて、高校生が最多で三〇人だったという。

「友人の誕生日プレゼントを用意するため五万円が必要だった」

　捜査関係者によれば、補導した少女のひとりはこう言って涙をながしたが、後になって嘘だったことが判明。普段は真面目そうな少女だが、放課後など空いた時間を利用し、一日に数人の客の相手をすることもあったという。


　少女たちは、規制が強化されても、店が摘発の憂き目にあっても、それでもカラダを売らなければならない理由がある。多くはカネだ。カネをホストやアイドルに貢ぐためにこうした未成年売春婦が生まれている。

「セックスは嫌いじゃない。だから、やってお金貰えるなんてラッキーだと思う。あっ、でも『Ｈｅｙ！Ｓａｙ！ＪＵＭＰ』だったら逆に払う。一〇〇（万円）とか余裕で」

　念入りなメイクに高そうなネイル。ギャル系のファッションを着こなし、少し大人びて見えるミワは一七歳、学校に通っていれば高校二年生の代だ。ミワの一家は、パチンコ店従業員の父と母、二つ上の姉との四人。幼い頃は都内のマンションで家族四人で暮らしていたが、両親は、彼女が一〇歳のときに離婚した。

「高校は行きませんでした。親には『行った方がいい』と言われたけど。母子家庭になった離婚後は、お母さんが昼職とスナックを掛け持ちして育ててくれた。姉は高校を中退し、いまはデリヘルで働いています。裕福じゃなかったけど、フツーに幸せな家庭ですよ。水商売やデリのことを話せるほどお母さんとも、姉とも仲がいいし」

ミワとは、あるＪＫビジネス関係者を通じて知り合った。母子家庭だが、昨今の離婚率に照らせばごくごく平凡な家庭に違いない。二〇一五年度の厚労省の調査によれば、日本の離婚率は約三五パーセントだから特別変わったこととは言えない。

ところがミワは現在、新宿歌舞伎町のＪＫ散歩店『Ｃ』で売春している。見た目は派手な印象だが、物腰も柔らかく、そして敬語も話すフツーの少女が。きっかけは、趣味のアニメで繋がるオタク系の友達からの誘いだった。最初は単なる興味本位だった。

「そのコは（摘発された）新宿の制服相席屋でやってて、店が潰れたから一緒にタイニュウ（体験入店）に行こう、お散歩は出来高制だけど稼げるよみたいなノリになって。仕事内容？　テレビとかで摘発のニュースを見てたし、そのコから聞いてもいたので知っていました。やって（セックスして）お金をもらう、みたいに」

二〇一六年九月のことだ。汗水垂らして時給千円しかもらえないラーメン屋での接客アルバイトの苦労も嫌だった。さらにミワには援助交際の経験もあった。その一ヶ月前、出会い系のアプリを使って初めてオヤジと二万五千円でセックスした。

「ＪＫビジネス系でやったのは、その渋谷でタイニュウした店が初めて。初日にひとり、お客さんがついた。四〇代のオッサンで、渋谷のユニクロ前で待ち合わせて『とりあえずホテルに行こう』と言われて。そのまま円山町のラブホテルに行って、ホテルに着いたらすぐに交渉成立した。私服だったけど、制服に着替えてって言われて、三万円でゴムありの条件でエッチした」

労せず、ただ寝ているだけで一週間分の給与が懐に転がり込んできた。援助交際経験者のミワにとって、散歩店での売春に抵抗は微塵もなかった。客を漁る器が変わったに過ぎなかった。援助交際が「裏オプ」や「パパ活」という言葉で一般化した現状からすれば、決して驚くべきことではない。

だからといって客が少女を買っていいとはならない。ミワを買っていっときの快楽を得ても、いつ逮捕されるかとビクビクしながらその後の人生を送らねばならない。単なる火遊びでは済まされないかもしれないのだ。

しかし当事者同士が秘密を守り通せば、この悪事がバレることはない。いや、実際にはミワが補導されると、携帯電話やラインの履歴から買春行為が発覚してしょっ引かれるのだが、最近は客たちも学習して連絡先を交換しないことが多く、現実に逮捕に至るのはごく一部である。

現在のＪＫビジネスは、連絡先を教えなくても売りたい少女に会えるシステムだ。結果、買春客が群がっている。店のブログやツイッターを覗けば、カラダを売りたいと手ぐすねを引く少女が紹介されているので、探す手間要らずで店にアポ入れするだけ。あとは指定された場所で待てば、連絡先を交わして落ち合う必要もなし。証拠を残さずマッチングできるというわけだ。

この被害者なき犯罪の裾野は、いったいどこまで広がっているのだろうか。

「みんな一六、一七歳だった。多いのはバンギャ(ヴィジュアル系バンドの熱狂的女性ファン)。平日の昼間だったから、通信か、ほとんど学校に行ってないコたちだったと思う。待機場所はマンションの一室。私は一四時に出勤したんだけど、部屋には三人いた。店長に聞いたら、『あと四人くらい出勤してるけど、みんなお客さんがついてる』って。結構繁盛してると思った。だから稼げるって思った。でも待機所の雰囲気がなんとなく嫌で……すでに人間関係ができ上がっているというか、新人の私に対する視線が冷たく、いづらかった。だからツイッターでまたアンダーでも働ける店を探して、池袋の『Ｋ』に移った。

働いてるコは渋谷と同じ現役ＪＫ世代だらけ。新店だったからみんなとすぐに打ち解けられて、居心地が良くて、二ヶ月くらい続けた。（お客さんが）ゼロ本の時は三千円の保証が貰えた。でも一本、二本ついたら千円しか貰えないシステムだった。というか、渋谷の店でもそういう保証の話をされたんだけど、あんま気にしてない。だって、要は『裏オプで稼げばいいんでしょ』って感覚だったから」

ＪＫ散歩を舞台とする、関係者しか分からぬ狂ったカネ儲けの実態だ。

ミワが当然のごとく売春を口にするように、都内のＪＫ散歩店は、客から三〇分五千円程度のプレイ代を「観光案内」の建前で徴収しているが、そのほとんどは店側の実入りで、働く少女には渡らない。そのため少女たちは、大人たちにカラダを差し出しカネを得る。大人たちも買春目的で集まっている。そこには経営者たちによる強制も強要もない。性サービスについては「知らない」という基本姿勢で、性風俗のように決められたプレイはなく、やりたい時にだけやれば良いという気軽さも、少女たちが引き寄せられた大きな理由だった。

しかしなぜ、明らかに搾取されているのにも関わらず、それを甘んじて受け入れてしまうのだろうか。

「いや、ウチらアンダーにとっては有り難い存在だから」

有り難い存在。売春する目的が明確なミワの場合、カネを運んでくれる客を紹介してくれる散歩店は、是が非でも縋りたい猟場なのだ。だからこそ、店の歯車になって経営者にカネをせっせと運んでいるだけなのに、その状況をよしとする。経営者は、そんな少女たちの境遇を見透かし凶暴凶悪に荒稼ぎする。

経営者からすれば、一見、カモだと思えるミワ。そしてミワからすれば、悪魔に思える経営者。しかしカネさえ手にすればそんな悪魔も途端に天使になってしまう。

何もそこまでしなくても。もっと賢い方法があるのではと思うのは、素人考えなのか。

「別にお散歩じゃなきゃダメというこだわりはない。ただ、出会い系とかよりラクに、しかも高値で売れるのは間違いないんですよ」

買値を比較すれば、それは火を見るより明らか。この辺り、経験者しかわからぬ優劣だ。

「池袋の店ではいくらで本番した？」

「サン（三万円）。なんか出会い系の相場って少し安いらしくて。本当はニ（万円）らしいんだけど、あまり安売りしたくなかったからサン。それでもいいっていう人だけとやる、みたいな感じで」

「アプリより店を通した方が高く買ってくれるんだ」

「うん。たまにサンでも高いって言う人もいるけど、基本、みんな相場を分かって来てた。私の設定料金は、ニで手（手コキ）と口（フェラチオ）、サンで最後（本番）まで。ゴムは必ず着けてもらう約束で。人数は、多い日で五人くらい。もちろんゼロの日も。週三で出勤して、計三〇人くらいとヤリました。個人でツイッターをやってて、DM経由で来てくれる人もいたし、お店のブログから来る人もいたし。最高は一日一二万くらい。ほら、手と口だけのお客さんもいるから」

「それで二ヶ月でいくら稼いだ？」

「えっ、うーん、ギリ一〇〇万いってないくらいだと思う。お金の使い道？　私、ジャニオタで。『Ｈｅｙ！　Ｓａｙ！　ＪＵＭＰ』の高木雄也。コンサートだ何だでお金がかかるんですよね。だから、稼いだお金は全部、高木雄也に貢ぐ」

「出会い系アプリでエンコーし始めた理由も？」

「うん、お金。Ｈｅｙ！　Ｓａｙ！　ＪＵＭＰ。悪い？」

僕ら大人の目から見れば、ジャニタレのためにカラダを酷使することは理解しがたいが、とにかく高木雄也に貢ぐことを、客相手に股を開くことより優先してしまう。

同じようなことをしている知人のことをふと思い浮かべた。僕の親戚の三五歳が、主婦でありながら夫に内緒で熟女デリヘル嬢を続ける理由も、「嵐」の追っかけをするためだった。全国各地でライブが行われるため、その遠征費を稼ぐには「仕方がないこと」だと自分を正当化していた。彼女らの辞書には「ヤメる」という言葉は載ってない。チクチクと突いてみても、最終的には「アンタに迷惑はかけてないでしょ!」と一蹴されるがオチなのだ。

「親や彼氏は知ってるの? 売春していること」

「彼氏はいない。親にはJKカフェでバイトしてるって言ってます。JKカフェについては、別に『好きにすれば』って感じです」

「売春をしていることは言えないわけだ」

「まあ、そうですね。でもリア友のふたりには、正直に『やってる』って言った。地元が一緒の、中学の同級生。そのふたりはやってないコだった。めっちゃ仲いいから、言った方がいいのかなって思って」

「やはり罪悪感がある?」

「いや、やっぱり生活が派手になるから。それで『なんでそんなにお金持ってんの?』と聞かれたんです。だから、やってる、やってる、と」

「やってる、とだけ言えば伝わるほどJKの間でウリは浸透しているんだね」

「そう。で、ひとりは『あっ、そうなんだ』と、戸惑いながらも理解してくれた。でも、もうひとりにはめっちゃ怒られました。『それ以上落ちたら縁切るからね!』って」

「親友に縁を切られるかもしれないのにヤメない?」

「いや一回、ヤメたんですよ。でも、私的には『何も分かってないクセに』っていうのがあって、それでお金がなくなってきたから、またフツーにやり始めた」

「何を、分かってない、と思ったの?」

「経験者に怒られたんなら受け入れるかもだけど、そのコはエンコーしたことないフツーのコだったから。あと、同じジャニオタ友達の二五歳、フーゾクで働いてるコにも言ってます。私たちにとってはHey! Say! JUMPのためにエンコーしたりフーゾクで働くのは当たり前なんですよね。フツーの高校生ならバイト代を併せて五万円くらいでヤリクリしてるんだろうけど、私はもう月に三〇万はないと生活できない」

ライブのチケットやグッズを買うために性風俗で働いたり売春することが、当たり前の感覚。世間からはとてつもなくズレていることは疑う余地はないが、家族のために働く世のサラリーマンたちと照らしてみれば、貢ぐ対象が違うだけとも言えるわけで、違法行為でないならばそれなりの説得力がなくもない。

アイドルは、全てを犠牲にしてもいい絶対的な存在であり、カネさえあれば裏切らないと錯覚する。親戚の主婦は別として、思春期に本気で好きになれる彼氏がいない少女は、特に。

＊＊＊

二〇一六年年六月、男性客に女性を紹介する「出会い系喫茶」を営み、一八歳未満の女子高生を働かせたとして、警視庁少年育成課は風営法違反容疑で、歌舞伎町の『制服相席屋』を摘発した。この店は「ＪＫコミュ」と呼ばれる業態だった。

コミュとは、コミュニティルームの略で、小部屋で女のコとマンツーマンでトークするだけの、ＪＫビジネスの一種である。

逮捕された店長の男が「客という名目にすれば取り締まられないと思った」と話しているように、ＪＫコミュはこれまで、法律的な区分がないことと、性的サービスには店側は関知しないことを建前に闇営業が後を絶たなかった。しかし制服相席屋は「出会い系喫茶」とみなされ風営法違反が適用された。「出会い系喫茶」は無許可で営業できないし当然、一八歳未満も働かせられない。

売春防止法で処罰されるのは、売春を斡旋する業者のみだ。一八歳以上の男女であれば、自らの意思でカラダを個人間で売買するだけでは罰せられない。

しかし一八歳未満であると、話は別。児童買春罪が適用され、五年以下の懲役又は三〇〇万以下の罰金が科せられる。もちろんセックスだけでなく、手コキやフェラといった性行為全般で適用される。また金銭の授受がない場合でも児童福祉法で一八歳未満との淫行は禁じられている。違反すると、一〇年以下の懲役又は三〇〇万円以下の罰金が科せられるし、性行為がなくても、カラダを触ったりするだけでも淫行条例が適用される。各都道府県で若干違うが、二年以下の懲役又は一〇〇万円以下の罰金が科せられる。

もっとも、処罰の対象となるのはあくまで経営者や買春客のみで、売る側の少女が逮捕されることはない。しかしながら、逮捕には少女の供述が必要になるわけで、補導などにより親や学校に通報されることになる。

これは、ＪＫビジネスで働く少女たちが最も恐れていることの一つだ。いくら友達間では当たり前なことでも、親や学校が公認している現象ではない。

僕が制服相席屋と同様のシステムで営業する東京・大久保のJKコミュ『A』に潜入取材したのは、制服相席屋が摘発される前、二〇一五年年六月のことだった。

「年齢は言えませんが……オーバーはいませんね」

少なく見積もっても四〇人分の顔写真があるだろうか、壁に貼られた指名用のプロマイドを指差し、店員の男がそう説明する。オーバーとは、一八歳以上を意味し、要するに一八未満の現役女子高生か、中退者やそもそも学校に行っていない少女だらけだと暗に伝えたかったのだ。

店に入ると奥と左右は柔い素材の衝立てで間仕切りされているだけの部屋がある。入り口も重厚な扉ではなく目隠し用のカーテンのみだ。受付を済ませ案内されたのは、小さなテーブルだけが置かれた一畳ほどの半個室だった。

ほどなくしてカーテンが開いた。僕は制服姿の一六歳、現役女子高生だというB子とその部屋でふたりきりになった。

コミュは、まだ当時は珍しい存在だった。だからといって新業態ではなく、もうJKビジネス黎明期の二〇一一年頃から存在していたものだ。しかし当時は、JKとのおしゃべりに加え、オプションで一緒にゲームをしたりDVDを見るだけだったりと至極健全な営業スタイルだった。リフレや散歩の摘発や条例の強化によりそれが、働き口を失ったアンダーたちの巣窟となっていった。

『A』はそうしたオプションが一切なく、表向きは黎明期のコミュと同じく少女とお話しするだけ。表のオプションがないとすれば当然、裏オプがある。

店内には流行のJポップが大音量で流れていた。B子から店のシステムを知らされ、それが卑猥な声を消すためだと知った。Aの基本料金は三〇分四千円から。うち三千円が店の取り分になり女のコは、トークだけではコンビニのバイトほどしかカネを手にできない。そのため、在籍するほとんどが裏オプに手を染めていた。『A』は、コミュとは名ばかりの、単なる援助交際の〝交渉の場〟として機能していたのだ。

「友達の紹介で始めた。現役JKでいるうちにできるだけ稼ぎたいから」

B子は入店一ヶ月の新人だ。面接時には身分証の提示が必要だった。そこでB子が高校の学生証を見せると即、採用。通常は一八歳以上であることを審査するのだが、『A』では逆にふるいにかけられた。すなわち在籍する五〇人は、ほぼ全員がアンダーだった。

そして裏オプの話になった。

「いろいろできるよ」

「いろいろって……エッチなことも？」

Ｂ子は慣れた口調でフェラなら七千円、本番は二万円だと提示してきた。そんなことして大丈夫なのと聞くと、Ｂ子は店側の強制はないが〝暗黙の了解〟だと無邪気に笑った。

会話の最中、ミニスカートを履いたＢ子が態勢を変える度にピンク色の下着が覗く。触発され買春行為に手を染める客も多いことだろう。客は、ほとんどが裏オプ目当てで、女のコも八割くらいがカネのために本番してると、Ｂ子は声を潜めた。

こうして公然と少女が買える場があっていいはずがない。ひとたび警察の耳に入れば、すぐにでも捜査の対象になる。

その対策のため、この店は地下に潜るかのごとく空き店舗を意味する〝白看板〟で人知れず営業していた。通常あるはずの屋号が書かれた看板がないので一見、ここがＪＫ店だとは分からない。しかし、いずれ警察沙汰になることは目に見えている。そこで警察の目を欺くため一芝居打つことにした。一定期間で所在地を転々とさせ、内定調査に三ヶ月はかかるとされる摘発逃れを講じていたのだ。

となれば、いったいどうして客を集めていたかと疑問が湧く。しかし口コミほど恐ろしいものはない。好事家たちのネットワークで連日大盛況だったのだ。

ある関係者が内情を吐露する。

「一日の平均来客数は四〇人強。常に七部屋が稼働している状況で、日に平均二〇万ほどの売り上げがあった。少女には時給を払ってないので、売り上げの大半は経営者の懐に。月に五〇〇万以上が懐に入っている計算で、その実入りはデカい。なにせ家賃や光熱費などのランニングコストは三〇万にも満たないのだから」

摘発されても、初犯であれば少額の罰金刑で済んでしまうことからすれば、少女たち同様にカネに目が眩み闇商売に手を染めるのも頷ける。しかも関係者によれば、ヤクザまがいの経営者ばかりではなく、高学歴のサラリーマンまでもが副業で営んでいるという。

有名進学校に通う優等生が裏オプをするケースも少なくない。いまや女子大生も平然と性風俗で働く時代だが、「君子危うきに近寄らず」のことわざは、女子高生にも当てはまらない。

＊＊＊

『A』を取材した一ヶ月前の五月には、池袋のＪＫ作業所『くりおね』が摘発されていた。制服相席屋しかりこの時期、当局は現行法を拡大解釈してＪＫビジネス店の摘発を急いだ。実はミワは件の摘発された制服相席屋で働いていたのだが、大好きな高木雄也のため、その後もカラダを売り続けた。

「摘発後はどこで売春したの？」

「新宿のレンタル妹店に移籍して、年末から少しだけ働きました。システムは……お散歩と同じですね。ここも待機所の空気は悪かったけど、アンダーを雇ってくれる店が、その時は都内ではここしかなかったから、仕方なく。レンタル妹も基本、一六、一七歳ばかり。ジャニオタとバンギャが半々くらいでした。ここではふたりくらいとやって、『生でロク（六万円）』とかもやってました。なんか、お客さんから『ナマでやりたい』と言われて、（いつもの）倍ならいいよって」

「なぜナマは値段が倍なの？」

「えっ、やっぱビョーキとかリスクあるし。妊娠？　薬（ピル）飲んでるから、それは大丈夫。ナマをやりはじめて、ヤバいなって思ってきて、飲みはじめた。でもお客さんは増えなかった。ナマを求めてくるのはほんと、たまにだったから。というのも、自分からはナマを誘わないから。あくまでプラスでお金をくれるならってこと」

自然な流れだったのだろう。ミワは、何で驚くのと言わんばかりに表情一つ変えずに話した。不特定多数の男と、しかも彼氏やセフレでもない男とナマでやるとは到底理解し難い。そこまでして貢ぐことに価値を見出しているのか。

ミワの話を聞いて、歌舞伎町のコインロッカーから生まれたばかりの赤ちゃんの遺体が見つかるというショッキングな事件が脳裏を過ぎる。

二〇一八年六月二日、警視庁新宿署捜査本部は、死体遺棄の疑いで、母親の住所不詳、自称無職の女（25）を逮捕したことで、事件は弾けた。女は滞在していた歌舞伎町の漫画喫茶で出産したと供述し、女児には首を絞められたような痕があった。

事件を取材すると、容疑者の呆れた生態が見えてきた。ある出会いカフェ関係者が語る。

「彼女はウチの常連でした。ホストと同棲し、その男に貢ぐためか日々、売春してるようなコでした。しかも、客にナマ中出しさせることで有名なコで……ウチにも警察から捜査協力の依頼がありました。その子供が、彼女自身も『誰のコかわからない』と供述している、と」

未だ父親の特定には至らず、捜査は難航していると言う。

いまからわずかばかり歳を重ねたミワが、ついにはナマ中出しを解禁し、父親が誰かもわからぬまま身籠ってしまう近い将来を見た気がした。

ミワは、レンタル妹店が閉まると、また友達のツテにより別の新宿の散歩店に移った。まだ一〇回程度しか出勤していないが、やることは同じ。貯金ができず、いつもカネがない彼女にとってアンダーを雇ってくれる非合法店を回避することなど当然のことだった。

しかしいずれミワの所業にも終わりがくる。年齢だけはマイナス一年、二年と巻き戻せない。大人になれば、ジャニタレは受け入れてくれても、マニアは見向きもしない。

「JKビジネスをヤメるときは?」

「うーん、一八歳以上になっても、多分、アンダーと偽って働くと思う。だって相場が違うから。いまはサンが相場だけど、一八歳以上になるとニくらいまで落ちる」

「でもハタチになれば、さすがに現役女子高生では通用しなくなる」

「あー、ハタチになったら……やっぱフーゾクかな。ソープとか、とにかく稼げるうちはカラダで稼ぎたい」

ミワは自分の賞味期限をわかっていた。性風俗で働くことは、裏オプよりは悪くない選択だろう。しかし、いかにもテキトーなその話ぶりからは、まったくと言っていいほど現実味が感じられなかった。ミワは本当に仕事の中身を理解してソープだハダカで稼ぐだと答えているのだろうか。

「ソープを選ぶのは、本番の方がラクという感覚がある?」

「うん、ラクチン。寝てるだけでいいから。二万で手コキとフェラとか言われたら、超めんどくさい。せっかくやらせてやるって言ってんだから素直にやれよ、って感じ」

「ソープがやるだけじゃないことは、理解してる?」

「えっ、入れるだけじゃないんですか?」

「お風呂入れたり、マットプレイがあったり。デリヘルより大変なんだけど」

「あー、なるほど。そこはあんま考えてなかった」

「フーゾクで稼ぎたいのはラクだから?」

「そう。だから、アンダーで通用するうちはJKビジネスで。ムリになってきたらフーゾク。できるだけラクな方法で稼ぎたい」

「カラダを売る罪悪感はないんだ」

「えっ、ないです。全然ない。えっ、いつから? もう最初からない。別にいいかなって思ってるから」

いまの少女の信じられない現実を見た瞬間だった。

「誰よりも店長に貢献したい」（アオイ 一八歳）

「高木さん、もう一人、面白いコがいるから紹介するよ」

馴染みのJKビジネス関係者からそう連絡が入ったのは、ミワの取材から一ヶ月後のことだ。繰り返すが、彼女たちには僕にインタビューされて内情を赤裸々に話すメリットなどどこにもない。だから、願ってもない話だった。

紹介してくれたのは、アオイという〝色管理〟にハマる一八歳の少女だった。

色管理とは、店の店長やスタッフが、成績や勤怠を保つため、キャストとカラダの関係を持つキャバクラでの管理手法の一つだ。付き合って、惚れさせさえすれば、オンナを手玉にとることなどわけないからである。

アオイは、黒髪にクッキリとした目鼻立ちの少女だった。アイドルグループで言えばビジュアル担当といったところか。しかし服装はTシャツにショートパンツと、上から下までどこか安っぽい、地方の中高生が着るようなファストファッションだった。そのギャップに、僕はどことなく違和感を感じていた。

首都圏の普通科高校を卒業したアオイは、池袋で現役リフレ嬢として働いている。

「兄弟はいません。一人っ子です。両親は……一応、離婚はしてないけど、あまり上手くはいってない感じです」

少し家庭環境に問題がありそうだ。

どう上手くいってないの、と聞けば「いや、夫婦間の会話がないだけですよ。何をしてるか知らないけど、お互いが好き勝手やってる感じで」と言う。

どの程度の不協和音が鳴り響いているかは窺い知れないが、その緊張関係に耐えきれずリフレの世界に身を沈めたとでも言いたげな様子だった。多感な年頃、目をすわらせ眉間に皺を寄せる親の顔ばかりを見せられていては外に居場所を求めるのは、分からないでもない。

「店長が、私を出勤させるために『キミのこと好きだよ。お客さんも着けてあげるから出勤してね』、みたいな。そうして人気の出そうなコを誘って、他店に移らないように囲う、みたいな。実際に店長と付き合うコもいれば、私みたいにお店の中だけでセフレの関係になるコもいます」

「なんでこんな当たり前のことが聞きたいの？」と冷笑するかのような口調だ。

「高校卒業後、これまで働いていたアンダー店から今のリフレ店に移籍した頃でした。入店して二ヶ月、本指名のお客さんがつき始めたとき、営業終わりに『ちょっと残って』って。そこでイケメンの店長から告白されて……。私もいいなと思っていたから、その場の流れでカラダの関係に。イケメンだし、店の女のコには優しくするから、そもそも悪い印象がない。それで私のことを一番に可愛がってくれるならって」

この業界はイケメン店長やオーナーが多い。ホストやヴィジュアル系バンド業界からの転身組が多いのが、その理由だ。その裏には、女のコを集めるため、あえてイケメンをオーナーが用意している側面もある。

＊＊＊

実態を詳しく説明したい。話は約六年前まで遡る。

警視庁少年育成課は二〇一三年一月、一八歳未満の女子高生らに個室マッサージをさせたとして、労働基準法違反容疑で、秋葉原や池袋などのリフレ店計一七店舗を一斉捜索した。秋葉原八店、池袋四店、新宿三店、渋谷と吉祥寺の各一店が捜索され、働く一〇〇人以上の女性を保護し、うち一八歳未満が七六人もいたという。

この摘発劇があった時期、ＪＫビジネス店は秋葉原を中心に都内で約一〇〇店舗にまで膨れ上がっていた。と同時に裏オプが誕生し、大枚叩けば少女との個人交渉で手コキや本番などの援助交際ができると人気も加速した格好だ。

しかし、その裏でホストやスカウト業者が暗躍していたことはあまり知られていない。スカウトマンが入り込み、水商売や性風俗に流すことができずカネにならない現役女子高生らの〝落としどころ〟をＪＫビジネスに求めた。またホストも、客であったカネのない少女たちにＪＫビジネスで稼ぐよう仕向けたのだ。すると、さらなる高みを目指す者も現れる。スカウトバックだけではもったいない。自分でやれば丸儲け――そんな思考で経営に乗り出す者が出現した。

「それまでの業者は、メイド喫茶や性風俗業界からの派生組や、ＪＫマニアのロリコン組が主だった。でも、ある時期からスカウトはもちろんホスト、ヴィジュアル系バンドをやっているような、若くてイケメンでアキバ文化と関係ない人種たちが参入してきた。ヴィジュアル系バンドの追っかけをするバンギャやホスト狂いは、それ以前から多く生息していた。それらをインフルエンサーとして囲い、女のコも店も頭数が増えた」（経営者）

まずは池に魚を放流し、育ったところで網を放つ。わかりやすい収穫手法である。

＊＊＊

アオイは一七歳、高二の春に友達の紹介で摘発された歌舞伎町のＪＫコミュ『制服相席屋』へ。エンコー経験もないまま業界入りした彼女だが、「ああ、エンコーを場所借りしてやる感じかな」と、その仕事内容をすぐに理解し、摘発されるまで本番を繰り返し、月に一〇〇万円ほど稼いでいた。

「店の相場は三万だったけど、私は五万に設定してました。『あまり経験がない』とか処女感を前面に押し出して、カモれる客からカモって。若くてイケメンで、あまりお金を持ってなかった客にはニーゴー（二万五千円）までは下げたことがある。でも基本は、最初に五万を提示して、納得しない客とは本番はしてなかった」

その制服相席屋の店長も、経歴こそ窺い知れないが、業界ではイケメンとして有名だった。「相席屋はカッコいいけど、ウチの店長はゴミ」。そんな会話が女のコの間で交わされ、店選びのポイントにもなっていた。そんな店長に好かれたいために出勤回数を増やし、店の売り上げに貢献しようと本番行為に手を染めるのだという。

「相席屋はめちゃめちゃカッコいい人だった。だから店長目当てで出勤してたコも多かった。相席屋に限らず、店長目当てのコはどこの店にも数人は必ずいますね。なかには店長に気に入られたいから本番して指名を取るコもいる」

「セフレ関係にあるその店長は、アオイちゃん以外の女のコとも関係を持つんだよね。それで女のコ同士でモメたりしないの？」

「えー、別に。私の方がフリーのお客さんを着けてもらっていたから、『私がイチバン大事にされてるな』って。だから誰かが店長とやってても、接客本数はナンバーワンだし、売り上げに貢献しているから『私がイチバンじゃね？』、みたいな」

「色管理とわかっていながら店長にとって一番の存在になりたい？」

「どうせならね。いろんなコを色管理しているなら、私がイチバン貢献できる存在でありたい。超いいコじゃない？　アハハ」

「他のコより優位でいたいとか、良いお客さんを着けて欲しいとか、そんな思惑も？」

「お互いお金になるから。私に常連客が増えれば店が儲かるし、私も客を優先的に着けてもらえるから稼げるし。まあ、ウィンウィンの関係ってやつです……」

アオイは、他に色管理をされる同僚たちに敵対心を抱きながらも、努めて冷静を保とうと笑顔を振りまいているようだった。

惚れた弱みに付け込みカネもカラダも毟《むし》り取るなど、一般的には利用されているに過ぎない関係である。だから彼女の言動からは、気丈に振舞いながらも一抹の寂しさを覚える。僕からアオイは目を逸らす。

「本当は店長と結婚したい？」

「それは……誰彼構わず客と本番してる私なんて相手にしてくれないと思ってる。だから本当の彼氏にもなれないというのが前提。まあ、してくれるんならしたいけど」

「裏オプやってたら相手にしてくれない。せいぜいセフレ止まりじゃない？」

「もちろん、です。一応、現実は見ておこうと」

目線を逸らしたまま口籠り、しばらくしてこう言った。その言葉には、自分に対する根深い不信感が窺えた。

「お金は何に使ってる？」

「整形代です。二重と涙袋の手術で三六万使って、次は鼻に七〇万かけて。あと顎とかもやりたいから、全て終わると三〇〇万くらいになる予定」

冒頭、第一印象で抱いた違和感はこれだった。言われるまで気づかなかったが、笑うと、韓流アイドルの作られた笑顔と重なる。漂っていた自分への不信感の正体もおそらくこれだ。とにかく自分の顔に「自信がない」と言う。

「自分の顔にコンプレックスがあった。だから直したい部分を一通り直したい」

整形前の〝自分〟を見せてくれた。手渡されたスマホには、ＡＫＢのこじはる似の美少女が写し出されていた。「このままでも充分かわいいけど」と言うと、「いや、もっと可愛いコはいっぱいいるんですよ」と無邪気に笑った。芸能人の誰々に近づきたいなど目標はないが、とにかく「自分が満足するまで」整形したいという。

ＩＳＡＰＳ（国際美容外科学会）が全世界を対象にした調査によると、二〇一四年の美容整形の件数は二千万件以上に達した。日本の施術は約一二六万件でアメリカ、ブラジルに続き三位に名を連ねる。これは、「整形大国」と呼ばれる韓国をかなり上回る件数で、データから見ても、もはや特別なことではないことが分かる。

僕は〝整形モンスター〟と呼ばれているタレントのヴァニラに取材したことを話し、「整形は麻薬のようなもので、やればやるほど次々に直したい箇所が生まれ、ヤメられなくなる」と語っていたことを伝えた。

「そうはなりたくない。私が望むのは、普通に見て『可愛いですね』と言われるくらいで。その線引きは自分でわかってるから大丈夫です。親にはバレますよね。でも、親も『アンタはブスだからいいじゃん』って」

自分の子供をブス呼ばわりするなど信じられないが、親も公認のことのようだ。いまも整形するために裏オプしているのだろうか。

「いや、相席屋の時はバリバリ本番してたけど、今は表のオプションメニューだけで、裏オプはしてないです。店長に『絶対に裏オプしないでね』と言われたから。もし裏オプしているのがバレて、店が摘発されたら、全て店長の責任になるから」

一連の経緯についてアオイは、「やっぱり店長のことが好きだから、なるべく迷惑はかけたくないから」と口にした後、「整形して可愛くなったら店長ともワンチャンあるかもしれないから」とオンナ心も覗かせた。

アオイは、現役ＪＫ時代は本番で稼ぎ、オーバー世代になったいまは裏オプをヤメた。だが整形のため、大好きな店長のためにＪＫビジネスに生息し続けている。

それは、店長を、迷惑をかけない範囲内で稼がせるためであり、裏オプなしでもある程度は稼げる業界だからだった。

「店でだけでなら月に二五万くらいだけど、裏っ引き（店外デート）でゴハンとか行って、三万とかくれる常連客が数人いるから、合わせて四〇万くらい。もちろん本番すれば稼げることは分かってる。でも、それだけは避けたいんです」

店の外で会うだけで三万もの大金を払う客がいるのか。

「時給一万くれるなら『どこでも行くよ』、と約束して。もちろんホテルとか以外の約束で。だから昼に待ち合わせて、ドライブして、ゴハン食べてバイバイ、みたいな」

都条例が施行され、相次ぐ摘発により店舗型が少なくなり、代わって派遣型が主流になった時期である。派遣型はデリヘルと同様の届出をすることとなり、すると当然、一八歳未満は雇えない。

「派遣型がメインになってリフレは稼げなくなってますね。アンダーじゃなかったら、素人ってだけでやることはフーゾクと変わらないから。裏オプしまくっても多分……一〇〇万は稼げない。だから、誰かに貢いでいたり、学費や生活費など、マジでお金が必要なコはみんな、リフレをヤメて地方のデリヘルに出稼ぎに行き始めてます。アンダーは、お客さんも怖がって店を使わないだろうから、個人メインになってさらに稼げてないハズ……。東京都の条例だから、神奈川の横浜とか埼玉の大宮とか、適用外の郊外店へ移籍してる。あとは条例を見越して、施行前に常連さんと連絡先を交換して個人営業してる感じです。店が摘発されてもエンコーで稼げるように」

規制が強化されたことが、ＪＫビジネスに巣食うアンダーたちの稼ぎ方に影響を与え、さらにはアオイの人生を変えはじめている。客たちが、若さを求めてこの業界に足を運んでいる以上、若さが薄れるごとに実入りが先細るのは当然のことだ。裏オプをしないアオイの収入はさらに減る。若さを失えば店長にとっても利用価値はなくなり捨てられてしまうはずだ。将来への不安はないのだろうか。

「それは聞いちゃいけない質問ですよ。ラクして稼ぐ味を覚えたいま、昼職は絶対に無理だから、いい人を見つけて結婚するか……あんまり考えてないです。というか、人生なんてカラダを売ればどうにでもなると思ってるし。まあ、とりあえず店長と一緒にいれるうちは続けたい」

性風俗業界も選択肢のひとつだったが、本番をしていて、ともすればよりハードなプレイをしているのに、リフレから性風俗へは「落ちる」という感覚だという。

「まあ派遣型リフレはデリヘルと同じだから、フーゾクと言えばフーゾク。だから『落ちる』という意味は、基本料金の範疇でお客さんに性行為をするか、しないか。基本料金に加え、裏オプ代として三万もらっていたのが、デリヘルだと自分のバックが一万円とかで。取り分がめっちゃ減るから、それがイコール『落ちる』って表現になる感じ」

リフレを続けるもヤメるも、裏オプするもしないも、全て店長の腹次第。こうして翻弄され続けるアオイは、「私は……店長に捨てられて確実にフーゾクに落ちる」と、ぞんざいな口調で明日を予見した。

第三章 不遇

「身分証を偽造してフーゾクに潜り込んだ」（サリナ 一七歳）

特急電車は都心を離れ、北関東某所のターミナル駅に着いた。

待ち合わせ場所に指定されたカラオケボックスの個室内を覗くと、約束どおり制服姿の少女がひとり、奥の方に座っていた。浅黒く日焼けした肌に、彫りの深い横顔のギャル。本書の担当編集者に紹介されたサリナだった。

「ＪＫビジネスに魅力は感じなかった。まあ、近場にあって、カネもいいならやってたんでしょうけど……」

サリナは北関東の通信高校に通う、一七歳。父親は中小企業の会社員、母親はパート勤めをしている。日本の平均的な中流家庭の次女として生まれ、母親の国籍はアジアの某国。いわゆるハーフで、見た目こそ派手だが、話すと礼儀正しい。

これまでサリナは一度もＪＫビジネス店で働いたことがない。もちろん存在は知っていたが、北関東に住む彼女にとっては「遠い国の話のようだった」と話す。

ＪＫビジネスを規制する都条例の施行が目前に迫ってはいたが、摘発覚悟で闇営業する業者も少なくなく、東京近郊の少女なら簡単にカラダを売れる時代だった。しかし出店動向は客の多い東京都心部や大阪、横浜などの繁華街に限られ、辿り着けない少女も少なくなかった。

地方の少女は、その地理的理由からカラダを売るベースとなる店選びの選択肢が限られる。そして地元の先輩・後輩などの人間関係にも縛られ、不幸にも劣悪な環境でカラダを売らざるを得ない現実がある。

ポーチからセブンスターを取り出し火をつけようとしたサリナに、僕が「今日はやめておこう」と制止した後、取材は始まった。以下はサリナの独白だ。

「中一の頃、私の反抗期の度が過ぎて、親に見放されちゃって。仲間内でハーブ（脱法ハーブ）が流行ってて、それ関係で親ともめちゃったんですよ。

その時、お姉ちゃんが大学生で、別の所でひとり暮らししてたんです。それで一年間、親に『お姉ちゃんのところに行ってくれ』って言われて。ハーブの事件は中学に入る前だったんですけど、中学生になるタイミングで。

前からお姉ちゃんと一緒に住みたいと言ってて、親は最初は猛反対してたんですけど、ハーブの事件をキッカケに邪魔者扱いされるようになって。

それと同時にハーブの販売店のヤクザみたいな人にもツメられていて、これ以上『地元にいたらマズいな』って身の危険を感じていて。そうしていろんなことが重なってお姉ちゃんの所に逃げた感じです。

でも、知り合いがお姉ちゃんしかいない土地の生活に耐えられなくて。それで逃げるように実家に戻ってきたんですけど、またすぐに親に戻されて。それでも懲りずにまた姉宅から逃げた二回目のときは、実家に帰ったらまた連れ戻されると思って、親友の実家に一ヶ月くらい匿ってもらってました。

そんな感じでしばらく友達の家を転々としてなんとか凌いでたけど、中学生だからバイト先なくて一ヶ月も親を頼らないのはさすがにキツかった。それで一四歳、中二になったばかりの春に初めてケータイの出会い系サイトでエンコーした。地元の先輩にケータイの番号を教えてもらって、その番号にかけると買いたいオッサンに繋がるんですよ。それで当時、流行ってたウィルコムで電話して『いまから会いませんか?』みたいな。それで値段の交渉をして、あとは待ち合わせ場所を決めてホテルに。昔はメールのやり取りで会う方式だったらしいけど、ウチらの時代は『電話で会う』って感じで。直電ができるけど、サイトを通しているのでお互いの電話番号は知られないやつで。

初体験を済ませる前、ミクシーで出会った年上（一八歳）の友達に3Pエンコーを誘われて、セックスはしなかったけど、ホテルで友達がやってるのを目の前で見たことはあったんですよ。だから最初から抵抗はほとんどなかった。良い人もいるし、実際、やればカネも手に入ったし。当時の相場は二万五千円〜三万。中学生の私にとっては大金だった。もちろん最後まで。ゴムありで本番です。

でも実際の年齢は絶対に言わなかった。親の手前、やっぱり警察沙汰だけには絶対にしたくなかったから。客から聞かれても、ハタチとか、二一とか。見た目も派手だったから、何となくそれで押し通せてた。もちろん『なんか若そうだよね』とは言われたことがあったけど、向こうもまさか中学生だとは思ってなかったと思う。

それから実家には戻ったけどおっパブ（おっぱいパブ）、水着居酒屋、キャバ……もう、何でもやりました。最初はおっパブ。地元の繁華街で友達とダベっていたらスカウトマンに声をかけられたんですよ。年齢を聞かれて、本当は一五だけど、ハタチってそのスカウトマンも騙す形で。身分証？　前の会社の社員証しかないですって。ネットに、四千円で、名前や住所を打ち込むだけでダミーの社員証を作れるサイトがあるんです。個人情報はギャル雑誌に載ってるコのやつをテキトーに拝借しました。偽造は当たり前。すべて地元の先輩に教えてもらいました。

目的はもちろんカネ。でもキャバだけは違った。ドレスを着て、ネイルして……そんな華やかな世界に憧れがありました。しかも時給がいいじゃないですか。稼ぎは、エンコーと掛け持ちしてやってたけど、あったら、あっただけ使ってたのでよく覚えてない。まあ、時給が二五〇〇円だったから、月に三〇万くらいだったと思います。何に使ったかもよく覚えてないんですよね。遊び、服、ゴハン……そんな感じで。

でも、歳を誤魔化してしたことがバレて、そのキャバからも追われちゃって。実際の年齢を知っているコにチクられたんです。そしたら、それがヤクザが経営してた店で、怒鳴られた上にボコボコにされて。一ヶ月くらい働いたけど、お金は貰えなかった。で、『この社員証は証拠として貰っておく』と言われ。

ヤクザにそう言われたら、こっちは中学生なんだから言い返せないじゃないですか。何に使うかはわからなかったけど、その社員証と引き換えに一万だけ貰って解放されました」

小六からグレ始めたサリナの非行は、中学生になるとさらに加速した。通信簿は小六から斜線だらけ。測定不能だ。親友を頼りになんとか宿は確保したが、タバコ代や遊ぶカネも欲しい。カラダを売るのは時間の問題だった。

先輩に次に紹介されたのは援デリだった。最初は「目の前でパンツを脱いで渡すだけだから」と諭されたが、プレイは次第にエスカレート。パンツからフェラになり、ついには本番を解禁。客入りが多い日に一日、八人とフェラしたことが引き金となった。

「さすがにアゴが疲れちゃって、もうマジ無理っスね、ってなって。それで自分から『本番やりますわ』って。まあ、本番の方がラクだしそれに、稼げるし。たまにイケメンとか来たし。常連さんも着いてきてたし」

援助交際は仕事じゃない。お小遣い稼ぎ的なセックスだった。しかし援デリ組織に入り、性行為が仕事になった。「股を開いた方がラクじゃん」。そんな思考になった。

車で待機しながら、元締めが出会い系サイトで見つけた客の元へ。そうして、またカラダを売る日々がはじまった。

「ドライバーさんが最寄りの駅まで迎えにきてくれて、車に乗って。援デリも縄張りがあって、仕事ができる地域が決まってるみたいで、その地域まで行って車内で待機して。その間に打ち子（出会い系サイトで、女のフリをして客とメールする係）の男が出会い系サイトをカチカチやって、客を取って。『お客さん来たから行くよ』って言われて、客との待ち合わせ場所まで行って、降りて客と落ち合ってホテルに行って。やって解散して、また車に戻る、みたいな。二万以下は受けない方針だったけど、その折半なので、実入りは一回やって一万とかですね。パンツのナマ脱ぎは八千円、フェラは一万五千円。その半分が私の取り分」

一二歳でグレて家出してから三年後、非合法の売春組織に流れ着き、立派な売春婦になっていた。セックスの対価が一回一万円というのは、彼女の年齢からすれば尋常ではなく安い金額だ。だがそのカネで満足しなければ路頭に迷うことになる。

一五歳のサリナを雇ってくれる店は、もう援デリくらいしか残っていない。まさに年齢が人質だった。

「でも居候先まで迎えに来てくれたり、自分で客を探さなくてもいいからラクだった。それに同年代の友達や先輩も働いてたから、楽しかったし。女のコは一五〜一八くらいまで一〇人以上はいたかな。援デリは一年くらいやって、ヤメた。一緒にやってた友達がオマワリに捕まっちゃって、『これ以上、続けていたら私も捕まるな』と思って、それでバックレた。その後は援デリ時代の太客と連絡を取り、店を通さずの援助交際で繋いだ。セックスをするにしても、一回こっきりの安い関係では終わらせたくない。ならパパ活した方がいい。援デリ時代に築いた人脈で一回五万、一〇万と大金を取るようになりましたね。それとは別に、月契約とか年契約とかの愛人まではいかないけど、フツーにゴハン食べに連れてってくれたり、買い物に連れてってくれたり、深夜に家まで送ってくれたりするなかでちょっとお小遣いくれるパパもいます」

サリナは、キャバクラでの失敗に学び援デリでも年齢を隠し続けた。しかしＪＫビジネスで働く同世代の少女は、若さを武器に稼いでいる。大学生より高校生、高校生より中学生……若ければ若いほど高く売れる傾向にある。この違いはなんだろう。独白はつづく。

「地方は身分証を偽造してキャバや性風俗に潜り込むのは当たり前で、私たちには店を騙しているという後ろめたさがある。ＪＫビジネスで働いてるコたちのように店ぐるみで悪いことをしているわけじゃないから。

私の周りの友達はほとんどがエンコー経験者。高校まではエンコーかフーゾクに潜り込んで、一八歳になったら、ヤメてキャバに流れる、みたいな。

アンダーを雇ってくれるキャバも先輩づてで探すことが多い。あとは、ツイッターでアンダーの知り合いのコがキャバクラっぽい店での写真を上げて『ヒマだぁ』とかつぶやいてると、そのコにＤＭで聞いて見よう、とか。

本当の歳を言えば、もっと高く売れることは分かってる。でもエンコーを始めた初期の頃に、一回、オッサンにしつこく年齢を聞かれたんですよ。あまりにしつこいから『本当は一七』って答えたら、『あっそうなんだ。それで俺のことを警察とかに連れて行こうとしても、ボイスレコーダーで録音してるからね』って脅されたことがあって。それで警戒心が強くなった。いま思えば、そのオッサンは美人局的なことを警戒してたんだろうけど、相手の素性がわからない以上、やっぱり怖い。だから本当の歳は言えない。

それに私、おっパブのタイニュウがバレて、親にこっぴどく怒られてるんですよ。だから、本当の年齢を言って警察沙汰になってフーゾクやエンコーまでバレたら、親に殺されるというか、逆に自殺しちゃうかも。箱入り娘的に育てられたから。親は心配してくれてるんだと思うけど、中学受験をさせられるほど厳格だったからこっちとしてはウザい。それで小六で『バーン！』ってハジけちゃって。

私はその反動でグレたけど、やっぱり病んだ時期もあります。援デリ時代は、落ち込んで、歌舞伎町のマックの窓辺でクソみたいなホストを眺めながら椎名林檎を聴いたり。でもリスカや精神安定剤などは絶対にしなかったですね。いま思えばよく自殺未遂とかしなかったなって思う。

じゃあ、なんでストレスを発散をしてたかというと、先輩から回ってきたネタ。ドラッグはクラブ関係で一通りやった。シャブ、ハッパ（大麻）、タマ（ＭＤＭＡ）……ハマりはしない程度に。

でも眠剤は常時持ってて、そう聞くと病んでるって思われるかもしれないけど、これは完全に遊び用です。ハッパとか持ってて捕まりたくないから、私は貰う専門で、普段は眠剤で代用してる。まあ、目の前にネタを出されれば、ハッパだろうがシャブだろうがいまでもやっちゃうんですけどね」

オヤジに抱かれてまで遊びたいサリナと、それに群がる大人たち。みんながやってるならと、中二からお小遣いを一切貰わずカラダを売って生きてきた。

「誰にも文句を言われず遊びたかった、それだけです。自分で稼いだお金だから、自分で自由に使えるじゃないですか。親にお金を貰えば『何に使うの？』と聞かれるから。そもそもウチはお金をくれる親じゃなかったし。だったら自分で稼いで、自分の好きなように使いたいから。

生活が派手になったから、『アンタ、どうしてそんなにお金があるの？』って親に怪しまれることもあった。でも、フツーに嘘つくだけ。バイトしてるとか、友達のお母さんがやってるスナックで働かせてもらってる、とか。まあ、親も感づいてたと思いますよ。家に、フツーにキャバ用のドレスが何着もあったし、ヘアメ（ヘアメイク）して夜遅くに出かけて、朝帰ってくるし。

だけど、そうやって騙して働いてると、親だけじゃなくていろんな大人たちに迷惑をかけちゃうんです。高一の時に働いていたキャバでは、お店にバレる前に、客からの通報で家に警察が来たことがありました。後でキャバの店長からキツくお説教されて、自分がお金が欲しいばかりに歳をごまかして働いて、それが原因でお店が営業停止になれば、他の女のコにまで迷惑がかかる。それでしばらくは自分の歳を知らないお店では働かなくなりました」

地方の女子高生にとっては、ＪＫビジネスより援デリなどの性風俗の方が身近にある。また少しでも社会のレールから外れると、すぐに地元の悪い人脈に繋がりアンダーが年齢を偽って潜り込みやすい環境に入っていく。

対してＪＫビジネスで働いてるコは、いけるところまで年を誤魔化して働きたい。なんちゃってＪＫで通用するうちは、ＪＫビジネスにしがみつきたい、というコばかりだ。そうして都心の同世代がＪＫビジネス店で本番して稼いでいることに対して、サリナは
「まあ、別にいいんじゃないですかね。悪いとは思わない私もウリで学んだことはあったし」と、続けた。

「でも、もっと賢いやり方があるな、って。例えば、援デリ時代は取り分は折半。でも、自分で客を探せば全額もらえる。さらに、もっとカネを出してくれる太客がいるなら、その人と定期で会えばいいじゃん、って。流行りのパパ活ですね。セックスなしでもカネをくれるオッサンがいるなら、そっちをターゲットにすればいいじゃん、って」

もっともだ。そうした思考から、サリナも援デリ後はパパ活に活路を見出した。

ただし、店の介在が、やり逃げなどのトラブルの軽減になっている側面もある。リスク回避のため、個人ではなく店に所属することを選ぶ少女も少なくない。

「援デリを続けていたのは、トラブルの心配がない安心感が大きかった。何かあれば『組織が守ってくれる』から。みんな優しかったし」

だが今は知恵をつけた。昔とは違う、と言う。

「だから、今ＪＫビジネスでエンコーしてるコたちを見ると、ほんとバカだと思う。摘発されたらどうするの？　親にバレたらどうするの？　そんなリスクある仕事はヤメて、フツーに目標を持ってフーゾク嬢をやった方がいいのに。私にエンコーを紹介してくれた友達は、ずっとエンコーを続け、お客さんの子どもを妊娠した。そんなお先真っ暗なヤツを見てるから、私はそうなりたくない。もちろんＪＫビジネスの存在は水着居酒屋のバイトを始めた中二ぐらいから知ってました。やっぱり当時は働きたいと思いましたよ。でも近場にないし、なんか面倒くさそうだし。キャバのアンダー店もそうだけど、こっちがアンダーだと分かるとナメてかかってくるんですよ。『働かせてやってる』という感じで、時給も低く設定される。ウチらも『時給一五〇〇円でもコンビニよりもらえてるからいいか』って。そんな風に大人にカネ取られるのが嫌だった。それにＪＫビジネスやキャバのアンダー店は、警察に目を付けられやすいから潰れやすいって。長くは働けないって思う」

一七歳になり、「これだけは絶対にしない」と心に誓うことがある。それは美人局など、詐欺の類だ。そのきっかけとなったある出来事がある。

「前に医者の卵みたいなパパ活の客がいて、地元の悪い先輩には『本当の歳を言って、脅してカネを取ればいいじゃん』って言われたけど、何だかその人が可哀想に思えて。だから私は、カラダを売るという正当な理由でしかお金をもらおうとは思わない」

売春を「正当な理由」だと言い切る。その根拠は、「誰にも迷惑をかけていない」からに他ならない。司法の裁きを受けるのは客や経営者だけで、「自由恋愛」の建前でお目こぼしされている現状からすれば間違ってはいない。

ＪＫビジネス不毛の地で生まれたサリナは、「一八になったら真面目にフーゾクで働く」という。

風俗を職業と言いきるサリナは、東京近郊のでウリをするＪＫビジネスに胡座をかく少女たちのように、大人になるまでの猶予期間としてカラダを売っているわけではないのだ。

「立ちんぼにプライド持ってます」（ユキ 一六歳）

新宿歌舞伎町。その一角に、うら若き少女たちが春を売るエリアがあった。通称〝ハイジア〟。買春目的でやってくる男たちは近隣ビルの名前になぞらえ、そう呼ぶ。

二〇一二年四月、一九時を過ぎた頃から少女がひとり、またひとりと現れ、キャップを被った若い男性に挨拶を済ませると、その対岸の道路脇に座る。

二〇時を過ぎた頃には、またひとり増え、道路脇に座るのは計三人になった。少女らは時間つぶしでもなければ、ナンパ待ちでもない。こうして座りながら買春目的の男から声をかけられるのを待ち、客を捕まえてホテルへ消える。

その三〇分後、サラリーマン風の男性が少女に近づき何やら少し会話をしたかと思えば、ふたりは手を繋いで歩きだした。行き先が歩いて数十メートル先のラブホテルだったことは言うまでもない。

試しに、僕も少女たちの前を歩いてみた。すると少女らは、まるで僕を誘うかのように微笑んでくる。「買って！　私を買って！」口には出さないが、目がそう訴えている。

僕はギャル系の金髪少女に話しかけた。

「何してるの？」

「うーん、別に……」

ぶっきらぼうな口調だが、拒絶している様子はない。

「遊べるの？」

僕が客の素振りを見せると、少女は饒舌になった。

「うん、ゴムありでイチゴー」

「いくつ？　一八くらい？」

「少し下。（歳は）言えないことになってるんだよね」

「キミより若いコもいるの？」

「うーん、みんなそんな感じ。あっ、でも一番下は一三歳がいるって聞いたよ。ヤバいよね」

その会話を最後に、少女の目線が僕から外れ、後方に泳ぐ。振り向くと、背後でキャップを被った強面の男が目を光らせていた。

「あんまり話してるとマズいんだよね。遊ばないなら、バイバイ」

会話と状況から察するに、このキャップの男は少女たちの監視役なのだろう。そして少女の年齢は、少なくとも一七歳以下。しかも、たった一万五千円でセックスさせるというのだ。その不条理な光景に肝がつぶれた。あろうことか一六、一七歳が売春のため路上に立ち、客待ちする日々を送っていようとは。

いったい少女に何があったのか。そして周囲で目を光らすキャップ男は何者か。その後、元ヤクザの知人に立ちんぼ少女に通じる客引きの男を紹介してもらい、ふたりの少女に話を聞くことができた。

その少女との待ち合わせ場所は、客引きの男が暮らす、歌舞伎町の外れにある高級マンションだった。部屋番号を押してインターフォンを鳴らすと、客引きの男にロビーで待つように指示された。エレベーターから客引きの男が降りてきた。サングラスをかけたギャルが後に続いた。

少女の名前はユキ。件の地で立ちんぼをする、サラリーマンの父と専業主婦の母、中学生の弟と都内近郊のマンションに住む一六歳だ。

立ちんぼとは、路上で客を捕まえてカラダを売る売春婦のことである。一般には、ソープやデリヘルで雇ってもらえなくなり、日々の生活費を稼ぐため止むに止まれずやるもの。いまは性風俗店からつまはじきにされたとしても、他にも出会いカフェ、裏風俗、出会い系サイト、交際クラブなど、手っ取り早く売春をする手段は少なくないし、ＪＫビジネスが若い女性限定の売春ルートとして機能しているが、ＪＫビジネスがまだ一般的ではなかったという時代背景に加え、ユキには身分証を偽造する悪知恵もなかった。いや、もし仮に年齢をわかった上で雇ってくれる店があったとしても、サリナのように安月給でいいように使われていくというお決まりの物語が始まるだけだ。

立ちんぼは、昔から存在する原始的な売春商売だが、性産業のヒエラルキーでは最下層に位置し、年齢やビジュアルから既存の性風俗店では雇ってもらえない女性の終着点という性格が強い。

しかしJKビジネスに辿り着けなければ、例え若さが武器になるアンダーであっても、こうして路上に立つしかないこともある。そして一般職で人脈が優位に働くように、売春も人脈という危うい糸一つで格差が生まれてしまう。

「少し前にハイジアで仕事するようになりました。きっかけは地元の友達の紹介でした。その友達から『フーゾクで働いている』と聞いて、なら私も働きたいと思って。それで紹介してもらったのが、フーゾクではなくこれだったんです。もちろん最初は戸惑いました。だって外だから人目が気になったから。

でも、すぐに慣れました。同じようにやってるコがいて、私の後にも女のコが入ってきて、みんなと仲良くなって。後から入って来たコはタメかそれより下。なかには一三歳のコもいました。そのコは一〇日くらいでいなくなっちゃった。そんな感じで入れ替わり立ち替わりだったから、何人いたかは正確にはわからないけど多分、一五人くらいはいたんじゃないですかね。上は一八歳ぐらいまでしかいなかった。ほとんどが一五、一六歳の未成年」

立ちんぼが、路上売春ではなく仕事と、まるで法律で定められた性風俗の一業種のように語るのには、何か事情があるのだろうか。考えられるのはひとつ、少女らの後ろで目を光らせていたケツ持ちの存在だ。対象者を庇護下に置き、対価を得るケツ持ち稼業は、一般にはヤクザのシノギである。つまりフリーの個人営業ではなく、ヤクザの威光で組織化されているから友達も「フーゾクで働いている」と言ったのだろう。

「最初に友達からヤクザの男の人を紹介されました。ほら、ウチらの側にいたキャップの男の人です。そしたら、その人から『やり方が分からないだろうけど、友達に着いていって。友達から近い距離にいれば、あのコがどうやって（エンコーして）るか分かるから』と言われて。マネして近くに座ってたら、不思議と男の人が声を掛けてきたから、『ああ、こうやってやるんだ』って思いましたね。簡単だなって思っちゃったんですよ」

誰に指導されることもなく、プロとしての仕事がはじまった。もちろんプレイの講習などあるはずがない。

「実際にやってみるとやっぱり簡単でした。だって、ただ座ってるだけで自然に声を掛けられるんですよ。それで何となく値段を決めて交渉して、お互いＯＫだったらそのままホテルに。ダメだったらその場で断る、みたいな。一本（一人の客）につき二千円の場所代を払う決まりでした。ヤクザの人は、最低でもふたりが近くにいて、私たちを見張ってくれていました。私服警官が来て、それを見抜けずに女のコが着いていっちゃうとホテルに入る前にパクられちゃうから。ヤクザの人が『アイツ、私服っぽいから気をつけなよ』とかアドバイスくれた。客は四〇代前後のオヤジが多かった。年齢？　一八か一九歳って誤魔化してました。だから客は実際の年齢を知らなかったんだと思います」

その言葉からは犯罪の意識など微塵も感じられない。私は単に「カラダを売ってるだけ」と。

しかし出会い系サイトで援助交際をしているならまだしも、一六歳が路上で売春することとは異常としか言いようがない。あまりに現実離れしているので、作り話なのではないかという苛立ちさえ感じたほどだったが、ユキのいかめしい表情から実体験ということが感じられる。母子家庭で家にお金を入れないといけないとか、何か借金を抱えているとか、置かれた境遇に理由があるのだろうか。

「別にお金に困ってたとか、家が借金まみれとかじゃない。遊び代だったり、洋服代だったり単純に遊ぶお金が欲しかったから始めたんです。家庭はフツーですよ。親とは……そんなに仲がいいわけじゃないけど、ちゃんと父も母もいるし、家にも帰ってるし。

家出しているコはほとんどいなかったと思います。一三歳のコも、家出ではなく『家が近いだけ。ちゃんと帰ってる』と言ってました。でも、同い年くらいなら私と同じような目的で立ってるのは分かるけど、年齢を聞いて、さすがに『中一が何万単位で金持ってどうするの?』って、ヤメるように言いました。

私の歳だと出会いカフェに入れないし、出会い系サイトも規制が厳しくなったって聞くし、客とやりとりするの面倒だし。もちろんヘルスやデリヘルの方が安心だとは思うけど、働けないから路上で立ちんぼするしかないじゃないですか。少なくても一日三万円は稼げるから、洋服買えるし髪も染めれるし、余ればネイルだってできる。親? 居酒屋でバイトしてることになってます。

カラダという武器を使えば簡単でした。一日平均二～三人とセックスして、最高一四万くらい稼げました。それでもう、すぐにお金に目がくらんじゃった感じです。だって、この歳で一四万って、マジありえないことじゃないですか。

出勤は不定期でした。一週間に一回だったり、二回、三回だったり。時間は一八時から二四時まで。一二月は寒いから週一くらいしか立てなかったけど、一〇月、一一月は週四くらいで立ってました。

出勤って言ったらおかしいけど、強制ではなかったんです。好きな時間に行って、好きな時間だけ働いて帰る、みたいな。とにかく自由なんです。行ったらとりあえずヤクザの人に挨拶をして、テキトーに立って、客引いて。なかには突然飛ぶコもいました。理由は新入りのクセに態度が悪いとかで女のコ同士モメたり。客が少ない時は一人の客の取り合いになっちゃったりする。

例えばある客がニを提示して、それを盗み聞いたもう一人がイチゴーを提示したら客を取れちゃうじゃないですか。仲間意識はあっても、みんなお金を稼ぎに来てるわけだから上辺だけですよね。仮にケータイ番号交換したコがパクられて、コッチまで巻き添えくらったら面倒くさい。だから連絡先も交換してないような関係です。

私の値段はイチゴーが最低。最初はニを提示して、ニがキツいって言われたらイチゴーまで下げる。でもフェラはナシとか。キスは一回や二回はいいけど、それ以上は別料金とか、ナマでフェラとか、そういうオプションは別料金をもらっていました。でも、ナマでやるのは『無理だから』と断っていました。どんな病気を持っているか分からないし、ウチらもこういう仕事してるから『お互い怖いでしょ』って。

プレイ時間は、フツーは六〇分。それ以上を求めてきたら倍の金額をもらった。なかには朝までいてっていうお客さんもいて、そういう場合は五万円もらっていました。それに「二万円でブーツのニオイを嗅がせて」って言ってきた変態オヤジもいましたよ。でも危ないと思ったから「ごめん。私、ウリ専門なんで」と断った。

怖い目？　そういうの感じたらやらなかったですね。客はお金を払ってるけど、カラダを売るのはコッチだから結局、立場的にはウチらの方が上。若いコのカラダを自由にできるんだから「それくらい出せよ！」くらいの上から目線で交渉してました。もちろん、いつかパクられるんじゃやっていう怖さはありました。でもその対策があった。私服（警官）は歩きタバコができないから、タバコを吸っていたらセーフ。あとはマスクでやたらと顔を隠したがっている人だったり、一定の距離を開けて歩いている集団に注意したり。ほら、ケーサツは一人で来ないから。話しかけられて怪しいと思ったら「ちょっと胸触って」ってカマかけましたね。

私服は絶対に触れないし、それでも判断に困ったらホテルに行くまでもわざと手を繋いでその反応を見て対策をしていました。ニヤニヤし始めたら客だと思うし、変に拒んだら危ないと判断してその場で「コンビニ行ってくる」とかテキトーな理由をつけて撒いたり。全てケツ持ちの人が教えてくれました」


こうしてユキは五〇人以上とセックスをした。「ハッキリとは覚えてない」と言うが、少なく見積もっても一〇〇万円は稼いだことになる。

得たカネは、洋服を衝動買いしたり、豪華な焼き肉を食べたりして散財した。一六歳にしてはありえないほどの大金を手にし、日々の生活は華やいでいったが、その分、カラダは悲鳴をあげるようになった。

「よく股は裂けるし。ゴムつけてても心配だから性病検査とかもしてたし。セックスは好きじゃない。客とか彼氏とか関係なく。別に気持ち良くないし、擦れて痛くなるだけだし。だから本当にお金のためだけにやってた」

初日は一本しかつかなかった、という。

「愛想笑いしたり、感じてるフリをしたり、常に演技をしてなくちゃいけないから、とにかく（オジさんに抱かれるのが）嫌で、『あっ、フーゾクってこんなにキツいんだ』って思った。でも、終わって二万五千円もらったとき、『こんな短時間でコレだけ貰えるの、ヤバくない』って心が晴れた。で、家に帰って計算したんです、『四人我慢したら一〇万じゃん』って。抵抗？ どんなにお金を積まれてもありました。でも、金額が高かったらあんまり嫌な顔をしないようにと、演技で感じてるフリをしてやり過ごしていました」

そんな生活のなかで、いつしか沈痛な思いに苛まれるようになった。

「毎日オヤジとセックスしてると、さすがに病んでくるんですよね。それで衝動買いに走っちゃう、みたいな。だからお金は貯まるようで貯まらなかった。やっぱり精神的に辛かった。

それで、別に一六のいまやらなくてもいいかな、一八になればいくらでもフーゾクで働けるしって思うようになって、ヤメた。簡単にはヤメれないかもって思ってた。だって相手はヤクザだから。でも『実家に帰らなきゃいけなくなったんですよね』と、テキトーな理由をつけてヤメると言ったら、『うん、分かったよ。また気が向いたらおいで』と、アッサリ。以降は連絡も来ません」

少女売春を組織化することは、摘発のリスクと背中合わせである。引き止めたいと思っても、迂闊に行動に出ると、強要だ何だと警察に駆け込まれかねない。

カネになる貴重なコマであったに違いないユキのこと、また戻ってきてくれないかな、という下心もないわけではないだろうが、無理矢理にはできない。

ユキが根っからのワルだったら、話は違ったかもしれない。いや、そもそもサリナのようなワルは路上に立つまで落ちることはない。

それから二年、僕は再びユキのような女子高生立ちんぼ取材をしようと歌舞伎町に出向いた際、ある事件が生じていたことが分かった。マスコミに騒がれたことでハイジアが社会問題化し、警察による一斉捜査があったのだ。少女が路上売春するなどけしからん、というのがその理由だ。

売買春の是非は個人の判断に委ねられている部分があるが当然、未成年者が路上で客に色目を使う状況がまかり通っていいはずがない。だから少女たちは補導の対象になり、年齢や頻度などから悪質と判断された一部は鑑別所に送られたという。

特に驚きはなかった。というより、二〇一二年夏、ピーク時には一〇人弱がたむろしていたことの方が異常事態に違いなかった。

アンダーが立ちんぼになるという特異すぎる現象は、まるで麻疹《はしか》のように人から人へ、友達から友達へと感染し、やがて、ハイジア周辺は少女売春の巣窟と化した。アンダーであり、まだＪＫビジネスが一般的ではなかった時代に〝現役〟になった少女たちには、正攻法では大金を手にできるはずもなく、稼ぐにはこうするしか方法がなかったのかもしれない。

実際ハイジア摘発の半年後には、大阪・兎我野町のラブホ街、三年後には東京・町田のラブホ街に女子高生立ちんぼが現れたのである。土地柄から察すれば、ＪＫビジネスという選択肢がなかった上での現象ではあろうが、さすがに驚きを隠せない。安全に、強かに、そして何より高値でカラダを売るリフレ嬢がまだ幸福に思えた。

しかし、麻疹《はしか》のようにすぐに熱が下がり、一〇日と経たずに元の生活へと戻る少女も少なくなかったとユキは話していた。ひとたび路上に立てば、客や同僚から知恵を授かり、ずっと立ちんぼするコはほとんどいない、と。好きこのんで路上売春しているのではない、ただ他に手っ取り早くカネを稼ぐ手段がないからやっているのだ。

果たして、兎我野町や町田の女子高生立ちんぼたちは法の裁きを受けるまでもなく消えたが、皮肉にもその隙間にＪＫビジネスが入り込んだ。容れ物は変わったがやることの中身は売春に違いはなかった。

「街に立つほうが稼げます」（スミレ 一七歳）

スミレは出会い系サイトでの援助交際を皮切りに、地元である神奈川県下の援デリグループに所属。その後、流れ着いたのがハイジアだった。

スマホを使えばいくらでも売春ができるこの時代に、なぜ少女たちはリスクの多い路上に立つのだろうか。スミレは言う。

「出会い系って面倒くさいじゃないですか。何度もメールをやりとりするのがダルいし、それに待ち合わせの場所で、相手が私のことが好みじゃないと、遠くから顔だけ見てすっぽかされるし。実際はほとんどお金にならないんですよ。働いていた援デリが摘発されて、キャバなら潜り込めるアテがあったけど、時間通りに出勤するとかの規則が厳しくて働く気になれなかった。もちろんフーゾクは年齢的に無理。だったら街で立つほうが手軽に、しかも確実に稼げる」

スミレが歌舞伎町にやってきたのは、出会い系サイトでの援助交際の待ち合わせがきっかけだった。指定されたハイジア周辺で待つと、見知らぬオヤジに声をかけられた。

「遊べる？　いくら？」

そのオヤジのことは無視したが、結局、約束していた援助交際相手は現れなかった。ハイジアが立ちんぼのメッカだという知識は、過去に援助交際した客から聞いていた。それならということで立ちんぼのひとりに接触し、ケツ持ちに話を通すことを教えられ、自ら志願してユキと同じ組織に入った。

「やり方は簡単。路上で客取ってもいいし、元締めの人から『出会い系で客を捕まえた』と、電話で呼び出されてセックスすることもある。何より、根がだらしない私の性格に合ってる仕事だった」

こうして地方の女が歌舞伎町に遠征して路上売春するケースは少なくない。取材で出会った、一万五千円を提示する自称看護師の二七歳のオンナが言う。

「ホストクラブで遊んでいる友達を待っていたらオヤジに声をかけられ、飲みに行っただけなのに五千円もらえて。その時ここが売春する場所だと教えられたの」

味を占めた彼女は再びこの地に立った。カネにつられ段階を踏み三ヶ月前、ついに売春に手を出した。月一のペースでしか立っていないため、地回りに売春婦として認識されていないのか、ショバ代は払っていないという。

同時期に取材した自称二九歳の茶髪女も、友達との待ちわせでこの地に立っていたところオヤジに色目を使われ、ナンパだと思えばカネをくれるとわかり立ちんぼをするようになったクチだった。

「一〇分も立てば三〜四人の男に声をかけられますよ。今日は飲み代を使い過ぎちゃったから少し援助してほしいな」

遊び感覚なのか、まるでナンパのように軽いノリで商談してきた。こうして歌舞伎町では素人たちが平然と春を売っている。その多くは「時間潰し」など何気ないキッカケから、好事家たちの誘いに乗る形で悪事を覚えるのだ。

スミレのカラダの相場は一万五千円〜二万五千円。ケツ持ちは、スミレに路上で客を取らせながら、同時にサイトでも客を募りスミレを援デリのごとく斡旋する。もちろん背後には組織がひかえている。

「他のコはゴムありだけど、私はナマでさせてます。ナマだと、ほら、客が着きやすいんですよね。前に一度、中出しされて八万とったこともありました。『ヤクザの人に言うよ』ってちょっと脅したら、『財布の中身全部で勘弁して』ってことになってラッキー、みたいな」

両親は共働き。経済状況は「中の中くらい」で、家庭に不満はないが年上の姉が一流大学に進学。以降、親は彼女に関心を示さなくなり、高校を中退するなど自由気ままに生きるようになったという。

スミレの体型は、デブとは呼べないまでも太っている部類に入る。加えて全身から漂う気だるさのせいか、容姿はお世辞にも良いとは言えない。

売春は、若さや容姿を含めた総合的なスペックで勝負する世界であり、援助交際ですらすっぽかしを食らうスミレが路上に立つのは、自然な流れなのかもしれない。

終始投げやりな態度が消えないスミレが一日に稼いだ最高額は、ナマ中出しの代償で手にした八万円だ。普段は、客がひとり着けば御の字だと言う。それでも八方塞がりとまでは言えない現状に、いかに未成年売春が広がりを見せているかを実感させられる。

「ぶっちゃけ日に五千円しか稼げなくてもゴハンは食べれるしそれに、ネカフェ（インターネットカフェ）にも泊まれるから」

ユキは、地元の悪友から半ば騙される形で路上売春婦になった。そしてスミレは「手軽に稼げる」という理由だけで自ら路上に立った。サリナが「身近にあればやってたかも」と言っていたように、カラダを売りたい少女が時流に乗ると、その先にはＪＫビジネスが待っている。

第四章 斡旋

「若ければ若いほど、高く売れます」（ララ 二〇代前半）

「私を頼ってきたコに月にいくら稼ぎたいかをまず、訊きます。すると大半が『稼げるだけ稼ぎたい。何でも（本番）できます』って返してくる。そうですね、多い月で二〇人くらいからそんなＤＭが来ますよ」

取材のアポイントの段階で、オンナは他愛ない話をするようにそう話していた。頼って来るコは、その大半が現役女子高生だという。

僕が彼女に興味を持ったのは、旧知のリフレ経営者からこの業界に蔓延る〝女スカウト〟の存在を知らされたからだ。二章でも書いたように、ＪＫビジネスにスカウトマンが入り込み、オンナの供給源として機能し始めたのは、二〇一三年頃のこと。アダルトビデオや水商売、性風俗を紹介できないアンダーの〝落としどころ〟をこの業界に求めた格好だった。

これによりＪＫビジネス店が爆発的に増殖したという経緯がある。スカウト業者が暗躍していたことすらあまり知られていないが、それがオンナとなれば、さらに稀有な存在だといえる。

これまで摘発事案ばかりが報道されてきたこの業界だが、愛知県に続き二〇一七年七月、東京都で特定異性接客営業等に関する条例、いわゆる「JKビジネス条例」が施行されてひときわ大きく新聞の紙面をにぎわした。福祉犯罪の温床になっていて、青少年の健全育成に影響を及ぼしているとして、「JKカフェ」「JKリフレ」「JKコミュ」「JK散歩」などに規制をかけた。警視庁によると、JKビジネス店は年々増殖しており、この年のはじめには、都内に一七〇店あったという。ちなみに愛知県でJKビジネスを全国で初めて全面的に規制する条例が施行されたのは、二〇一五年七月のことだった。

このJKビジネス条例により立ち入り検査が可能になり、これまで実態が掴みづらかった少女らの年齢確認ができるようになった。噛み砕けばアンダーたちを完全に法の監視下に置いたのだ。条例は大阪や神奈川などにも飛び火する動きが見られ、その包囲網は確実に大きくなっている。

規制が強化され、アンダー店が完全に非合法ビジネス化したことにより、その一翼を担っていたスカウトマンたちは斡旋先を失い姿を消しつつある。いまやリスクを承知で荒稼ぎを目論む摘発上等の一部の業者しか残っておらず、それも片手で数えられるほどしかない。

アンダー店はツイッターやブログのみで営業広告を密かに打ち、嬢の待機場所を持たず、屋号を数ヶ月ごとに変えるなどして摘発逃れの策を講じるが、それでも摘発された店は少なくない。そこでは当たり前のように女子高生が働いていた。

なぜ少女は闇営業店に巣喰い続けられたのか。悪徳業者と顔なじみだったわけでも、なんでもない。たどり着けた裏に、オンナ斡旋人の存在があったからだ。

現役ＪＫというブランド名が使えるのは、「最大三年の儚き熱狂期間」に他ならない。しかし彼女たちが卒業しても、また次の血気盛んな新女子高生が生まれる。このサイクルが終わらない限り、カラダを売る少女とそれを利用する業者が淘汰されることはないのである。

女スカウトの名は、ララ。首都圏在住で、中流家庭の次女として生まれた。歳こそ二〇代前半だというが、どこか世の中をナナメに見ているような雰囲気を漂わせる現役女子大生だ。都内の有名私立大学に通い、空いた時間を利用してリフレ嬢をしている。

一六歳で都内のリフレ嬢になったララは、数多の有名店で売れっコになりその三年後、業界内では誰もが知る存在になっていた。仕事の悩みや愚痴をつぶやいていたツイッターは同業の少女たちの共感を得た。フォロワー数も爆発的に増えていた。ララは言う。

「ファンになってくれたコが各店にいて、スパイになって稼げる店などの有益な情報を教えてくれるコミュニティができた。同時に、店から女のコを紹介して欲しいと言われて、遊び半分で店に女のコを紹介するようになった」

ツイッター経由で〝稼げる優良店〟を探す少女と繋がり、店に紹介する。紹介先は、これまでララが業界で築いた人脈を使った。多くはその当時、都内に五軒ほどあった派遣型の散歩店だ。

「池袋の派遣リフレで働いていた一九のとき、ツイッターでスカウトをやってる同業の女のコから誘われたのがきっかけです。私は当時、有名なお店に在籍していて、業界ではある程度知られた存在だった。それでツイッター上でも有名だったので、『一緒にやりませんか?』と。最初のリフレで働いていた頃のアカウントが、業界歴が長くなり、有名になるまで育ってそのコの目に止まった感じですね。『一緒にこの業界を盛り上げたいんです』。まず、そんなDMが来て。それで面白そうだなと思った。それで、あるアカウントにログインして、それでリフレ嬢としての日々の仕事ぶりや客の愚痴などをつぶやくように言われて」

それが、どう紹介業に繋がるのか。

「そのつぶやきに共感してくれるコが多くて、次第に仕事の悩みとか不安などを相談されるようになった。そのコたちを稼げる知り合いの店に紹介するようになった。その紹介したコたちが、いろんなお店に散らばったことで、そのコたちがスパイになり、稼げるお店の情報がどんどん入ってくるようになった。なので、今度はこのお店に行かせよう、みたいな」

アカウントは、表向きはリフレ嬢が愚痴をつぶやくものだったが、次第に稼げる店の情報を共有するものとして機能し、ついには自発的に紹介業のツールとして発展した。

「本来は広告費をもらってる店舗に女のコを流すことが目的だった。だからログインしている他のコは、大人に言われるまま特定の店に流していました。でも私は遊び半分だったので、そうした利害がない、単純に稼げる店を紹介していた」

ララのつぶやきは仕事や客の愚痴だけで求人の要素など微塵もない。なのに、働き口の相談が来た。

「うーん、やっぱり直接お店に連絡するよりかは同業のリフレ嬢の方が相談しやすいんだと思う」

業界歴の長い有名嬢に相談すれば何らかの情報が得られるのでは——アンダーたちは、そんな単純な発想からララを頼っているのである。

僕は「紹介料は?」とスカウトバックについて尋ねた。スカウトバックとは、巷のスカウトマンが通常手にする、斡旋した際に店からキックバックされるカネのことだ。ひとりにつき五万円ほどで買取りされることもあるが、相場はリフレ嬢が売り上げた総額の一〇〜一五%である。

「私はもらってないです」

「もらってない?」

驚きのあまり思わず復唱した。

「あくまで私はそうです。でも、なかにはもらってる女スカウトもいるみたい。もちろんフツーのスカウトはもらってるし」

「なぜ無償で?」

「私自身もどんなお店があるのか、どこが稼げるかに興味があったし」

つまりララが言いたいのは、カネは発生しないが何らかの利益があるから紹介業をしているということだ。店の内情を知ることがどんな利益に繋がるのか。

踏み込む前に、もうひとつの疑問が湧いてきた。ララも現役のリフレ嬢なわけで、紹介すれば競合相手を増やすことになる。もしララよりルックスが良かったら、客を奪われてしまうかもしれない。そのことを承知しているのだろうか。

するとララは、このふたつの疑問を一気に答えてみせた。

「そうかもですね。でも、それは気にしてなかった。それより客が多い店、稼げる店の情報を得られる方が優っていた。というか、女のコ同士はあんまりライバル意識はないと思う。みんなで稼ごう、という感じで」

この業界は、特に散歩店や派遣リフレは基本プレイだけでは収まらず、必ずと言っていいほど裏オプがある。そこには後ろめたいこと、本番して稼いでいるという共通意識があるという。違法ドラッグの世界でありがちな、「自分もやっているからお前もやれ」という理屈に似ているか。

少女がこの世界に染まる理由は、友達経由なことが多い。しかし店自体が少なくなった規制後は、自ずと働く少女の数も減った。誘惑にかられる回数が減ったわけで、それは悪友がいない優等生や夜遊びを知らない新一年生ならなおさらである。

ララはそうしたなか、無垢な少女たちを売春稼業に引きずり込む張本人だ。「これまで何人を斡旋した？」と聞いた。

「えっ、数えてないけど多分、軽く一〇〇人は超えてるんじゃないですか。もう八割くらいがアンダーですね。新宿の制服相席屋が摘発されたときは凄かった。もうＤＭが来まくって」

五〇人を超す在籍数を誇るこの人気店が閉店したことで、カラダを売りたい多くの少女が野に放たれた。

〈アンダーで働ける店ありませんか？〉

摘発の度、こうした相談が引っ切りなしになるという。

「やっぱり、いまアンダーが働ける店って少ないですし。その一方、裏（オプ）ができるアンダーのコたちは多いので。そういうコには散歩店を紹介する」

「アンダーのコたちは最初から『全部できます』と志願してくるの？　それともララちゃんが聞くの？」

「自分からは言ってこないです。『どれくらい稼ぎたいですか？』と聞くと、『稼げるだけ稼ぎたいです。何でもできます』と言うコが多い。全体の八割くらいがそんな感じ」

よもや八割がアンダーで、しかも本番も厭わないとは、なんともはや。散歩店の実態を知らない少女もいるのだろうか。

「いますよ。なので、『（お散歩が）どういう店が分かりますか？』という話は絶対にします。すると『分からないです』と言われるので、そういう時は、私からは『客と路上で待ち合わせて、ホテルへ直行して本番して稼ぐ店ですよ』とは説明せず、『まずはブロガーさんの体験談を見てください。それでできそうなら相談に乗りますよ』と返信します。それで本番しなきゃ稼げないことを知って連絡が途絶えるコもいれば、それでも『頑張ってみます』と、またＤＭして来るコもいるし、ほら」

そういって見せてくれたスマホの画面には、生々しいメッセージのやり取りが映し出されていた。これまでの相談数は一千件は優に超えているそうだ。いかに多くの少女が売春に手を染めようとララを頼ったかが窺い知れる。

一七歳

〈こんばんは。稼げるリフレってありますか？〉

〈こんばんは。稼げるリフレは秋葉原のＳか（推してもらえれば）池袋のＪ、新大久保のＰ……くらいですかね〉

〈ありがとうございます。Ｓは聞いたことあるんですけど二〇歳以下でも大丈夫なんでしょうか〉

〈ちなみに何歳でしょうか。ぶっちゃけた話、現役ＪＫ三も在籍しているので大丈夫かと〉

〈一七、ＪＫ二です〉

一八歳

〈すいません、派遣リフレに制服出勤はアリでしょうか〉

〈えーっと、いま高校通ってるんですか？〉

〈三年生です。女のコには秘密にしてと言われています〉

〈店側がＯＫしたってことですか？　店側も多分、制服出勤はアウトかと……〉

〈はい、お店は一八なら大丈夫と。でも、高校生はグレーゾーンって言われて。うーん、やっぱり変装考えないと〉

〈そうなんですね。中退してれば問題ないけど、高校通ってるうちは法律が曖昧だから店も隠したいはずなんです。摘発が怖いから高校生は雇わない店が多いです〉

〈やっぱりそうですよね。お店に迷惑かけたくないので、着替えてから行こうと思います。雇ってもらってる身ですし……〉

〈それが安全だと思います。またこの季節なら、コートを羽織って出勤して着替えてるフリすればいいかと〉

〈それいいですね。ありがとうございます！〉

一八歳

〈派遣と店舗の違いは、変わるとすれば客層とオプションの部分ですかね。場所によっても違いはありますが、派遣は裏オプ目的の客が多いです。だから店舗型のように裏オプなしでは稼げないです。時給もなく、客引きもないので、来たお客さんを接客するかたちになるんですが、六〇分で千円とかしかもらえない店ばかりです！　なので裏オプに自信があれば派遣は稼げると思いますよ〉

〈やはり派遣の方が裏オプ目当ての人が多いんですね……。派遣の場合はホテルなどに呼ばれて行くかたちになるんですよね？　そこでヤリ目だった場合など、この人はムリってなった場合はすぐに帰ることなども可能なのでしょうか？〉

一六歳

〈連絡ありがとうございます。こんなコが!?　っていうコほど稼げたりする業界なんですよ〉

〈じゃあ私にもできるかも？　でも裏オプとかちょっと怖そうです〉

〈裏は、やってもやらなくても客は怒らないです！　派遣の客は割りと良い人が多いです。この人といくらでならやってもいいかも。そう思う人がいればやってみたらいいかと思います。散歩は、新宿のＡか渋谷のＳがオススメです〉

〈こーゆーお仕事って生理の日は出勤しない方が良いですよね？〉

〈いや、生理でも出勤大丈夫です。最後まで頼まれたときは「生理なんです」って断れば問題ないです〉

〈なるほどなるほど！　あと、裏オプの相場教えてください！〉

〈裏オプはその人に合わせればいいと思います。こいつとはやりたくねえなってときには高めに言えば大丈夫ですよ〉

後日——。

〈いま体入終わりました。なんかめちゃくちゃお客さんに流されちゃって……。でも裏オプやってお小遣いがもらえたので結果オーライ？〉
〈お仕事お疲れ様です。稼げたみたいで良かったです。嫌なことがあれば「お店に確認しますね」ってケータイ手に取れば、客はだいたいやめてくれますよ〉
〈二日目は全然稼げませんでした。ちなみに脱ぐだけでお金取りますか？〉
〈脱ぐのは、全裸で一万とか取れます〉

ご覧のとおり、ララのＤＭでは稼げる店の情報、裏オプの相場やそのテクニック、痛客の対処方法までもが赤裸々に書かれている。ここから浮かび上がってくるのは、アンダー店や現役ＪＫだと知りながら雇うグレーなオーバー店などが暗躍する、この業界の最暗部だ。

文面を目の当たりにしてふと、過去に援助交際の元締めが口にしていた「カネを貰えなければ紹介するメリットは何もない」というフレーズが脳裏をよぎる。元締めは、紹介料はもちろん、少女が得た本番代からもカネの分配を求めていた。

だから僕はカネ目的ではなく紹介業をするというララの話にリアリティを持てないでい

た。そのことを伝えると、少し笑みを浮かべながら、「私なりに利益があるから」と力説する。

「しつこいようだけど現役のリフレ嬢として、またこの業界に長く関わったひとりとして、他店の状況をちゃんと把握しておきたい。理由は、本当にこれだけ。私がいまの店で稼げなくなったとき、その情報で稼げる店に移ることもできるし。それに責任逃れもできる。女のコにも紹介先に対しても、何かトラブルがあっても知らないですよ、と。だから仲介料をもらわないんです、捕まりたくないもん。もちろん摘発されることがあることも説明してます」

無料紹介する裏にはリスク回避の意味合いもあったのだ。この動機なら、不純とはいえある意味分かりやすく、受け容れやすい。ララは間髪入れずに続ける。

「でも、いま私を頼って来るコは、みんなリスクなんて考えてないと思います。店がパクられても、女のコは補導されるだけで、せいぜい親や学校にバレるだけだから。そうした摘発について相談されたこともありますよ。そこは、絶対に大丈夫とは言わない感じで曖昧に答えるようにしてます」

「そうした知識をみんな持っている？」

「いや、ちょっとはあるけど内心は怖いと思ってるコが多い感じです。というか、摘発のリスクより、親や学校にバレることを恐れてる」

アンダー店はもちろん、なぜオーバー店までもがリスクがある現役女子高生を受け入れるのか。

「いや、雇う店は特例で、大半は潜り込んでるだけです。年確を一応はしてますけど、誰かに保険証を借りちゃえば分かんない。実際、アンダーのコから『保険証だけでいけました』と報告されたことも少なくないから」

「紹介の際は身分証が必要なことは伝えているの？」

「伝えてますね、顔写真付きの身分証が必要だと。でも『保険証しかない』ってコもいる。それを受け入れるかはお店次第なんで」

ララの話を聞き、これまで僕が聞いていた話がより立体的になった。

これまで摘発された店の元オーナーから、表向きはマトモに見えるオーバー店にもアンダーがいるという話を聞いていた。

少女とラインで繋がる元オーナーからすれば、かつて自分の店で働いていた少女の動向などすぐに分かるらしい。摘発されて行き場を失った少女は、ララのような斡旋業者を頼って新たな猟場に身を潜めるのである。そうしたアンダーをリスクを承知で雇う店があるのが問題なのだが、しかしララは、「受け入れるかはお店次第だから」と、まるで他人事だ。それでも少女を売春行為に誘う一翼を担っていることには変わりない。罪悪感はないのか。

「ないですね。やりたければやれば？　みんなお金が欲しいなら『本番して稼げばいいじゃん』って。ただ、何で安易に本番できるんだろうって不思議に思う。私の現役時代はせいぜい手コキまで。本番なんてするコはいなかったし、そもそも（ＪＫビジネスで本番する）概念すらなかったから。もう高校生ってだけでお金が稼げる時代だった。だからいまのコを可哀想に思う。私が本番しなくちゃいけない時代に現役ＪＫだったら、この業界に入ってないと思う」

彼女の現役時代はハグや添い寝など表のオプションがメインで、裏オプなどせずとも日に五万は優に稼げていた。「一五万払うから何とかやらせてと破格な値段でお願いされたことがある」と言うほど、現役女子高生とのセックスは有り難いものだった。

むろん、大学生になり現役の価値を失ったいまはその限りではない。しかし裏オプが稀有な存在であり、もっと言えば概念すらなかった時代に生きたララたちは、性行為などせずとも簡単に大人からカネを引っ張れたのだ。

だが裏オプが当たり前になったいまに生きるアンダーの思考は、当時とは全く違う。少女らはＪＫビジネスを当然のごとく〝本番して稼ぐ場所〟として捉えている。

「稼ぎたいアンダーにはお散歩店を勧めます。いまの店舗型や派遣リフレは、アンダーを雇うなど危ない橋は渡らないので」

では散歩を渋った少女の場合はどうするのか。その話をぶつけると、ララは我関せずといった表情で冷たく言い放った。

「仕方がないので誰かの保険証を借りるなどの手口を教えるまでですね」

助言はするが、あくまで自分の判断でしてください。そう、根底にあるのは保身なのである。そうして善意の第三者的な立場を貫き、身の安全を確保しつつ、放ったスパイたちから有益な情報を収集する。最終的に行き着くところはカネだ。

「私の〝稼げる〟の基準は一日三万が最低ライン。お散歩だと、本番すれば一回で三万入るわけで。三人とやれば九万だし、ひとりが五万、一〇万くれることもあるし」

だから稼げる業態として散歩を勧めるのだという。業界未経験者からすれば一日、最低三万円の数字は魅力的に映るのだ。うらぶれた主婦に混じってスーパーでレジ打ちしていた少女が突然派手に。夜食のハンバーガーが叙々苑の高級焼肉に。整形すれば可愛くもなれる。カネさえあれば劣等感も払拭できる。

「私もそうだけど、みんなお金のためなら何でもできちゃうんでしょうね、やっぱり。そう思う」

先の実例では無知な未経験者を中心に紹介したが、実際は散歩店の実情を知る少女がほとんどだという。なぜか。

「やっぱり摘発などで店がなくなって困ってる、どっかしらで働いていた経験者たちからの相談がメインだから。業界歴が長いので、オーナーや店長の知り合いが多く、ラインで『体入お願いします』、という形で。アンダー店のオーナーは、向こうからDMでアクセスしてくる場合が多いです。『働きたいアンダーのコがいたら紹介してほしい』と。後は、この業界って、大元は数人で独立したりで枝分かれした店ばかりなんですよ。だから、昔の店で顔見知りだった従業員がアンダー店を出店してたりするんで、そういう繋がりで」

リスク回避のため、店に直接連れて行くことはないが、実際に会って面接することはあるという。が、自分の素性だけは絶対に明かさない。

「やっぱりツイッターで本音を書いてるから。身バレしたら客数が落ちるのは目に見えてる。だからあえて特定されるような話はしない。ＤＭで『カネも払わず裏オプできますかって、聞くな』とか、つぶやくのはお客さんの愚痴が大半だから。私がやるのは基本、女のコを知り合いの店に送り込むだけ。後は、送り込んだ女のコから情報を吸い上げて、新店舗の状況を把握して、自分が移籍する参考にする。『初日、どれくらい稼げましたか？』そう聞けば、その店が稼げるかどうかが分かるから。やっぱり自分の稼ぎに繋げたいんで。紹介はボランティアでやってるわけじゃないんで。私のせいで売春するコが増えてる？アハハ、そんなの私がやめても他のコがやるだけですよ」

地元の先輩と後輩の結びつきといったコミュニティがなくても、いまはＳＮＳを通じて簡単に情報伝達ができてしまう時代である。だから負の連鎖は止まらない、とララは笑い飛ばすが、そのコネクションがこのまま続いていい、はずがない。

ララに言わせれば、善意で相談に乗っているだけ。この論理が正しいかどうかは別にしても、女スカウトが多数の少女売春婦を生み出しているのは事実。そこで問題になるのは、ララのような女スカウト連中がいったいどれほどいるかということだ。聞けば、数こそ把握はしていないが、それでも実感として両手以上はいるというから驚きだ。単純計算でも一千人の裏オプ女子高生が生まれているのだ。

「そう数字で示されると怖いよね、アハハ。まあ、やめたコを含めればそのくらいはいると思う。でも、私のように実際にリフレで働きながらスカウトやってるコはあんまりいないかな。私と同時期に業界に関わって、スカウトをやってたコたちは、みんな業界から足を洗ってる。それでもオイシイから副業として小遣い稼ぎしてる、みたいな。もちろん、みんな本人アカウントでは絶対にやらない。危ないんで。女のコの移籍が多い理由を調査するため、店長などがネカマ（ネットおかまの略）がＤＭしてくる場合があるの。そこで本人アカウントでやっていたら、店の女のコを流しているのがバレてツメられるかもしれないから」

求められれば、本人と女スカウトの顔がリンクしていない限りは、例え取引先の少女であっても移籍させる。そこには仁義もへったくれもない。

女スカウトは、あくまで身分を明かさぬことで成り立つ商売だ。いくら引き抜き行為が横行している疑いがあっても、尻尾さえ捕まえさせなければいい。

「あと言い忘れたけど、他のスカウトやってるコは、店からバックをもらってるとも聞くよ。やっぱりアンダーは貴重だから、若ければ若いほど高く売れるんだって」

ララは紹介料を取らないが、別の女スカウトはカネのため少女を食いものにする。たわいもないことのように軽く話すララから察すれば、別のスカウトたちも善悪の判断などない状態で女衒のようなことをやっているのだろう。奇妙すぎる需要と供給の関係だが、どちらが餌食になっているかが見えづらい。

「ＡＶや性風俗の副業のスカウトマンも多いの？」

「いますね。でも多いのは、既存の店舗のオーナーさんが実在しない店舗のダミー・アカウントをツイッターで作って、そのオープニングスタッフを募集するパターン。新店舗はご祝儀来店が見込めるので、女のコたちも稼げると思って応募する。だから、ツイッター上には存在するけど実際は営業してない店はいっぱいありますよ」

ララはスカウト業をする理由を、あくまで「自分のため」と言う。一方で、「私だけが稼いでいても意味ない」と、この業界に関わるいろんな少女に稼いで欲しいとも言う。

「それは仲間にしたい、この業界に引きずり込みたいのか。それともカネに困ってるコを助けたいのかな」

「うーん、まあ、繰り返しになるけど、私の目的は、紹介したコがスパイになることで、そのお店の情報が欲しいこと。情報が欲しいから、稼がせてあげて恩を売りたい」

「本当は紹介料をもらっているよね？」――僕は、その言葉を胸の内にしまいながら何度も同じ質問を繰り返して追撃したが、彼女は最後まで「単純に、いま、どこが稼げるかを知っておきたいだけ」と言い切った。

結局、僕が欲しい答えが返って来ることは一度もなかった。

バックをもらっているわけじゃない。ましてや無理やり働かせているわけでもない。彼女はあくまで善意の第三者というスタンスだ。だとしても、現役高校生が気軽に売春に手を染めている実情について、「そうはなって欲しくない」という気持ちはないのか。

「ないですね。『別にいいんじゃない?』って思う」


ララは都内の有名女子大の文学部に在学している。幼少期は教員になるという夢があった。僕が「いま、その夢は?」と尋ねると、毒突くようにララは即答した。

「ないですね。学校の先生だと月に一〇〇万は無理だから」

いまの稼ぎからすれば、その夢を見限ることは当然だった。出社時間もなく、しかも拘束時間も短いなか大金を手にできれば、公務員という安定ですら捨ててしまう。それでもリフレで稼ぐため女スカウトをして保険をかけているように、社会人としても保険をかけるのがララの強かな生き様を如実に表していた。

「でも教員の免許だけは取得してます。最悪、食べれると思ったから」

もちろん、いまのところ表舞台に出る予定はない。教員免許を安心材料にしてダラダラと裏稼業を続けるだけだ。親は教員になるものだとばかり思っているのか、ララの将来については一切口を挟まず学費を払い続けるだけ。

「ちゃんと彼氏もいるし、私は幸せですよ。彼氏は居酒屋のバイト先で知り合った、一コ上のフリーターです。実はそのバイトをいまも続けてます。親や彼氏、友達にリフレで働いていることがバレないように」

親には最悪バレてもいいと言うが、彼氏や友達だけには絶対に知られたくないという。ララにしてみれば親より彼氏や友達が大切なのだ。

「彼氏や友達の前ではフツーの女のコでいたいからね。卒業したら業界やめる。だから、いまは出勤を徐々に減らしてる」

「大学を卒業したら、どうするの」

「フツーに就職する」

明確なビジョンがあるような言い方だった。だが「なりたい職業があるのか」と聞くと、ララは打ち消すかのごとく即座に反応した。

「別にない。だからいまのうちにお金を貯めておきたいなって。まだ稼げてるので」

「卒業を待たずに足を洗うこともある？」

「うーん、若く見えなくなったら、稼げなくなったら潮時かなとは思う。でも、いまは指名も多いし、毎週のように来てくれる常連さんがいるから」

とすれば、どうだろう。そのリミットは歳を重ねるごとに刻一刻と迫ってくる。稼ぎの源泉である常連客が消えれば、その期限は自ずとやってきてしまうのだ。では、稼ぎが月いくらにまで目減りしたらやめるのか。

「うーん、普通に働く給料と変わんなくなってきたら」

ララはきっと二〇万ほどの月給を想定して答えたに違いない。そうであったとしても、ララに性風俗という選択肢はない。できれば風俗で働きたい、雇ってくれないからＪＫビジネスを選択するしかない、というコも少なくないが、ララは違う未来を夢みている。

「私は決められたプレイをヤリたくないんで。フーゾクだと、嫌な客でもフェラをしなきゃダメだから。それに、やっぱり一回の単価がリフレの方が高いんですよね。ソープだと、客が払った三分の一は店側に取られちゃう」

それでも稼げないリフレ嬢は、実際に性風俗に流れているという。

「リフレとフーゾクを掛け持ちしてるコも多い。稼げないから『明日はソープに出勤します』なんてDMがよく来ますから」

最近は、性風俗業界からJKビジネスへの逆流も顕著だ。だがララは、「一度フーゾクを経験するとリフレでは稼げない」と断言した後、詳しく解説した。

「みんな素人っぽさがないんですよね。JKビジネスは、裏オプなしで会話やイチャイチャだけで済ます客も少なくない。でも、それだと女のコはお金にならない。だから、それが耐えられず、すぐにフーゾクに出戻ったり。だってコース料金のバックは、三〇分で五〇〇円、六〇分で一千円とかの店が大半ですからね。みんな稼ぎに来てるわけで、だったら風俗の方が早いって感じで。

『リフレって稼げるんですか?』と問い合わせが来るのは一八、一九、二〇……みんな、まだまだこの業界で通用する若いコばかり。それで紹介して、やってみた感想を送ってくれるんですが、『全く稼げませんでした。私、何がいけないんですかね?』と相談されるんですよ。『どんな感じで接客しましたか?』と聞くと、『まず、一緒にシャワーを浴びて……』から始まって。それだと稼げないのは当たり前なんですよね。完全に風俗プレイだから」

みな稼げると思って業界入りするが、すぐにはプロ臭が抜けずに淘汰されてしまうのだと言う。

「リフレは服を脱がせてあげたりもしないし、シャワーは浴びさせるけど手伝ったりはしないんですよね。客は、風俗嬢じゃない、プロじゃない素人のコを求めて来ているので。だから、まずハグや添い寝とかの表のオプションから入って、いい感じになってきたら裏オプを持ちかける。客は、内心は裏オプ目的だから、そうして段階を踏めば絶対にカネを取れます。もちろん、いきなり『最後までで、いくら?』と聞いてくる客もいますけど、その場合は無視すればいいいんです。多くは、風俗と違って性行為ができない場所だと思って来てる。だから流れで（本番が）できちゃったから嬉しい。そうした客の心理が分かってないいんです」

性風俗からの転身組が厳しい逆風にさらされるなか、「心理が分かっている少女」は驚くべき数字を叩き出していた。

「トップは日に二〇万稼ぐ。派遣は客単価は三万と高いけど、移動時間の関係で客数は六、七人。店舗型の本番コミュは、客の回転が早く派遣より人数が稼げるんですけど、本サロと同じリクツでシャワーが浴びられないなど不衛生な分、客単価が一万五千〜二万と、ちよっと安くなるから」

ララは当然のようにそう口にするが、二〇万という数字は吉原や飛田新地のナンバーワンなど限られた風俗嬢しか手にできない金額だ。多くの風俗嬢はやっとの思いで日当二万を得られるか否かの瀬戸際でカラダを駆使している。夢のある業界。だからアンダーはもちろんオーバーの風俗嬢も、カネを得たい一心から、摘発や親バレするかもしれないというリスクを承知で、ＪＫビジネスに群がる。

ちなみにララのリフレ嬢としての実入りは長年、月に一〇〇万をキープ。預金通帳の残高は一五〇〇万円を超えた。

大学を卒業したら、リフレもスカウトもヤメて就職すると言ったそばから、「そのお金でアキバに派遣リフレを出店したいんです。これまでの経験と人脈で絶対に成功させる自信がある。でも店を出すことは簡単だけど、アキバにはプレイするレンタルルームが足りない。誰か作ってくれませんかね?」と、リフレで得たカネと人脈で起業するのが夢だと語る。これも裏オプで強かに生きるＪＫビジネス嬢の、ひとつの現実だ。

〈アンダーでも働ける店、紹介してもらえませんか?〉

スカウトだと勘違いしているのか、僕のツイッターにこんなＤＭが来たことは一度や二度ではない。もちろんララのように相談に乗ったり紹介したりなどしない。取材ならお願いしたいが紹介はやってない。答えはいつも同じだ。

カネが絡めば事件が起きるからだ。


二〇一七年春、大阪の店舗型ＪＫリフレが摘発された。知り合いの男が経営していた店だった。所属していた一六歳の少女が警察にタレ込んだことで、その店にアンダーが潜り込んでいたことが表面化。経営者の男は職業安定法違反の容疑で逮捕された。男がその経緯を打ち明けてくれた。

「その少女は、同僚と待機場所で仲良くなり、裏で女のコを他店に紹介していたんです。それも、かなり手荒な手口で……」

条例施行前の当時は、裏オプの有無は別として、大阪でアンダーを雇うことは完全に違法とまでは言い切れないグレーな状態にあったそうだ。摘発前の段階で、一六歳の少女の他にも数人のアンダーが在籍していた。

「真面目で指名も多かったので、まさか少女が女スカウトだとは思いもしませんでした。女のコたちに、自分は『警察官僚の娘なので摘発の情報が入る。この店はもうヤバい』と言っていたんです。そればかりか、自ら警察に密告することで店を摘発させ、女のコをデリヘルに移籍させスカウトバックをもらっていたなんて……」

出所後、ガサ入れ情報を元にデリヘルへの移籍を打診されたことを店に残った女のコから告げられ、少女の悪事を知ったのだった。

信頼を寄せていた少女は、ツイッターで知り合った匿名アカウントの女スカウトからの紹介で入店させたといい、皮肉にも少女自身が女スカウトだったという顛末だ。

ララは言っていた。

「みんな本人アカウントでは絶対にやらない。危ないんで」

女スカウトが暗躍するこの業界は、かくしてカネを軸として歪みながら循環している。

第五章 恨み

「店長も店のコも、みんなキライ」（カナ二三歳）

数多の店が摘発され、経営者が逮捕されたことで、いまやＪＫビジネスという名前を誰もが知ることになった。女スカウトのララが語っていたように、若い現役風俗嬢たちの転身が著しいのも最近の傾向だ。

実入りが減ったか、さらなる高みを目指してか。若い本番嬢ならなおさらのこと、こっちの水はさらに甘いとばかりにやって来るのだ。リフレの派遣型化が進み、デリバリーヘルスと大差ないシステムに移行したことで、性産業から転職する人数はハネ上がる一方だ。店は電話で受付するだけで、リフレ嬢も風俗嬢も客が待つホテルに直接、送り届けられる。実態は言葉のニュアンスの違いだけである。

グループ展開する都内の派遣リフレ経営者が語る。

「客単価は六〇分一万円前後。店舗型より三割ほど多い。ウチのような繁盛店になると、平日で三〇～四〇万円、休日ともなれば六〇～七〇万円の売り上げがある。すると月に一千万円以上の売り上げになるわけで、上手くすれば店舗型より儲けられる。またデリヘルでの本番の相場は一万～一万五千万円。それがＪＫリフレになると、なぜか二万～

三万円と倍に跳ね上がる。客はヌキなどしてくれそうにない、プロの風俗嬢じゃないコたちがフェラや本番をさせてくれることに価値を見出す」

そこにきて、既存のデリヘル店がＪＫリフレを装った〝エセＪＫリフレ〟も増加するなど業界は、まさに玉石混淆の有様である。

業者に言わせれば、リフレ経営者の大半は性風俗をかじった業界上がり。大手デリヘルチェーンの新業態として、経営のテコ入れとして、ときっかけは様々だが、動機は時流に乗って一山当てたいということで一致している。嬢にも経営者にも、それだけ魅力ある業界だと認知されているのである。

この流れにすぐさま反応した人物がいる。これまでＪＫビジネスと無縁の世界でカラダを売ってきたカナだ。

「フーゾクは一通りやりました。オナクラ、ヘルス、デリヘル、ソープ……あとは、エステやＭ性感も。フェラはもちろん、本番も抵抗はなかったですね。まあ、さすがにキモいオジさんとかは嫌でしたけど。でも、それは衛生面だけで、やるって行為に対しては、全く。なぜ抵抗がないのか……そんなの私が聞きたいくらいですよ」

カナは数多の性風俗を経験した後にＪＫビジネスに足を踏み入れた変わり種だ。家族構成は両親と兄ふたり。高校までは北関東の管理教育の肌合いの強い中高一貫の私立の進学校で過ごし、卒業後は都内の有名女子大に進学した。得意科目の国語の成績は常に五段階評価の一番上で、作文のコンクールで入賞経験もある。

そんな学歴エリートのレールに乗り続けたカナが、なぜ何の疑問も抱かぬままカラダを売るようになってしまったのだろう。その理由を紐解く前に、まずはその経緯から説明したい。

舞台は若者の街・渋谷。そこで、まずピンサロと出会う。一八歳、大学一年生の春だった。

「よく渋谷でポケットティッシュを配ってるじゃないですかぁ。その貰ったティッシュに『オープニングスタッフお話しするだけで時給三千五〇〇〇円』って書いてあったんです。ガールズバーの求人かな、『だったら東京スゴい！』って思いました。それで友達と面接に行ったのがきっかけです。まあ半信半疑で行ってみたら、実際はピンサロだったんですけど」

ガールズバーのような軽い水商売の求人だと勘違いしたのだと、カナは無知だった自分を恥じるような表情で説明した。

店舗型性風俗の一業種であるピンサロは、全裸でのペッティングやフェラを基本サービスにしている。しかし現状は、店舗型性風俗関連特殊営業店の届出を済ませて営業することはできない。現在あるソープやヘルスは法整備前にあったという既得権で営業が許されているだけで、茨城県の一部の地域を除き、新規で店舗型性風俗店を作ることは不可能なのだ。

したがって、主にキャバクラと同様の風俗営業二号営業の届出でグレーな営業をしているというわけだ。表向きはキャバクラやパブとして広告出稿することも多く、昔から一般的なアルバイト情報誌に求人広告が掲載されてきた。某ピンサロの店長が詳しく解説する。

「求人媒体は、昔は『ａｎ』などの求人情報誌。いまは『バイトル』などのモバイルサイトです。もちろんピンサロとは言わずにガールズバーとして募集しています。それで面接にやってくれば、こっちのもの。あとはカネを餌に、『フェラすればもっと稼げるよ』と落とし込むだけです」

昔から抜きサービスなどない飲み屋の募集だと勘違いさせることが入り口になるケースは少なくない。そこで男性器を舐める行為を受け入れるか、否かは別として。

カナはとりあえず面接を受けることにした。当然、ピンサロがどういうものかなんて知る由もない。事務所の片隅に座らされ、ごくごく普通の質問が始まるのかと思ったが、いきなり店長から性サービスへの覚悟を問われた。

「『フェラもあるけど大丈夫?』って言われて。友達と顔を見合わせて『えっ?』みたいな」

お酌をするだけでなく、男性器を舐めると聞かされふたりして言葉に詰まってしまったが、逃げ出すほど驚きはなかった。会話だけでこれほど大金がもらえるわけがない。このときの心境を、カナはそんな展開になるのではと薄々感じていたと振り返る。

この肯定でも否定でもない反応を勝機と見たのか、店長は畳み掛けた。

「やってみようか」

貞操が固いタイプだと自負する。それまでの男性経験は、高三の夏、彼氏とセックスを試したが痛すぎて未遂に終わった一回だけだった。つまりフェラ経験がないままいきなりのピンサロだった。だが、なぜか「抵抗がなかった」。戸惑いながらも拒むことをしなかった。

ふたりの店員により、別々に半個室に連れて行かれた。そして、あれよあれよという間に講習が始まった。友達もいま頃やっているのだろうか……。とりあえず咥えて、店長に言われるがまま口を上下に動かした。とはいえカナは、「やるしかないのかな……」と、決して乗り気だったわけではなく、その場凌ぎに過ぎなかったと言う。

「終わった後、『どうだった？　舐めた？』みたいな話になった。ふたりとも舐めたんだけど、友達は『フェラするなんて聞いてない。私はちょっと無理かな』ってなったけど……」

ともあれカナは働くことにした。週三回、昼の一二時から夕方までオヤジのナニを舐め続けた。すると一週間で高校時代から使っているくたびれた財布が万札でパンパンに膨れた。

「稼ぎは……うろ覚えですけど、指名ランキングでいつも上位に入っていて、月に三〇万くらいは貯金していました。なので五〇万とか、たぶんそれ以上は稼いでいたんじゃないですかね」

一八歳には充分過ぎる額だったが、どうしても受け入れられない辛さが蓄積した。肉体的苦痛はないが、衛生面からくる精神的な屈辱だけは耐え難かったのだ。

「おいしいバイトだったけど、舐めるのはへーキでもウェットティッシュで拭くだけで洗わないじゃないですかぁ。結局、その不衛生さがしんどくなっちゃって三ヶ月くらいでヤメちゃいました」

かくしてその後、カナはシャワーを浴びられる業種を選び、手コキだけのライトなものから過激な本番行為を伴うソープに至るまで、数多の性風俗店を渡り歩いた。

客とよく利用するという東京・池袋東口の格安レンタルルームで、カナは性風俗入りした経緯を淀みなく話した。なんだかんだで、渡り歩いた性風俗店は両手で収まりきらない。いったいどうしてこうなったのか。持ってきてもらった制服に着替えてもらうためシャワールームへの移動を促した。しかしカナは時間が勿体ないからと、その場で着替えだしてしまった。ハダカになることへの抵抗は驚くほどないようだった。

カナは取材前、僕がスチールカメラでの撮影もお願いしたいと言うと、顔はモザイクが入るにも関わらず念入りにメイクを施していた。それは人前でハダカになることの真逆に位置する行為だといえる。着替えをマジマジと見るわけにもいかず、僕はそんなことを考えながら明後日の方を向いていた。すると着ていた服を畳みながら、カナは僕の心理を洞察したかのように反応してきた。

「カラダより顔の方が重要なんです。もちろん自問自答したこともあります、『なんで簡単にカラダを売るのか』って。だって友達に言ったら引かれることでしょ」

いくら考えても結論は見つからなかったと言う。しかし曖昧ながらも何か理由があるだろう。

「やっぱりお金ですかね。もしタダだったらやってないと思う。ボランティアじゃないから」

消去法で探ればカネしかない。でも、それも詰めの一手とまでは言えない。カナは消え入りそうな声で言った。

幼い頃はカネで苦労していたという。家が貧乏だったのではない。母親が倹約家で、物欲に対して常に我慢を強いられていた。家には友達がみんな持っていた、欲しかった家庭用ゲーム機はない。家族旅行も数年に一度の格安温泉ツアーだけで、憧れのディズニーランドへは行けず仕舞い。もちろんケーキが食べられるのは記念日くらい。洋服なども全て従姉妹のお下がりばかりだったのだ。その反動か、大金を手にした時の高揚感ったらなかった。カナはこの業界に魅了された。カネの魔力の前に、倹約の精神はそのまま、貞操観念だけが崩れた。

「ブランド物とかは全く興味がないです。服とかも、メルカリで良い物を安く、みたいに買ってるし。使うとしたら……食費、化粧品、ネイル、美容院代、そんな感じ。残りは全部貯金です」

生活費と多少のオシャレ以外は、質素な生活を送った。短期間で貯金額は二〇〇〇万を超えた。

ふとベッドサイドに置かれたバッグに視線を向けると、有名な海外ブランドのロゴが見えた。そのことをカナに指摘すると、「ああ、これはパパから貰ったヤツ」と、まるでどうでもいいモノかのように吐き捨て、話を続けた。

「色恋営業をかけて、お客さんに私のことを好きにさせて、『私、もうお店ヤメちゃうんだよね。もう会えなくなっちゃうね』『じゃあ外で会おうか』みたいな流れに持っていく。そうして作ったパパを、お店を転々としながらどんどん増やしていって貢がせました」

他にも財布やネックレスなどを所有しているが、全て客か、裏引きして客から育てたパパからの貰い物だった。

「もちろんセックスもします。でもピロートークで『私、本当は事情があってフーゾクで働いてたんだ。男性経験もほとんどなかったし、嫌な客に当たったりだとかで男の人にトラウマしかないから、本当はあまりそういう行為はしたくない』みたいに言って、セックスする流れに持って行きにくくしてやらせなかったり」

その客を欺くトラウマの中身について質問すると、「幼い頃に兄から性的虐待を受けて男性不信になった。その反動でなんとなくフーゾクで働いちゃってたんだよね、みたいに」と、表情一つ変えずあけすけに答えた。その嘘に客が気づけばどうなるか。ヘタに深入りすれば身に危険が及びかねない。

しかしその偽造したトラウマは、全くのデタラメでもなかった。実は小六の頃、兄から性的虐待を受けたことがあるという。

「寝ている間に指を突っ込まれたりだとか。そういう軽いレベルなんですけど……エッチな行為だと分かっていたというか、頭の中でなんとなく『ヤバいな』って。そうは言っても『ここで起きても』みたいな。入れられてないから、レイプじゃないけど、それも抵抗がない一因かもしれない」

性的な原体験は通常、男性不信へと繋がる傾向にある。だが、彼女の場合はそうではなかった。

「兄となんて一番やっちゃダメな相手じゃないですかぁ。だから以降、私は『本番でも何でもできるな』って思って。少し病みながらも全てのフーゾクが全く抵抗なくできちゃった」

なぜウリに抵抗がないのか。カナから感じた貞操観念の欠如が、この時初めてリアルに伝わってきた。


カナは一時期、大手ファミレスチェーンでウエイトレスのアルバイトをしていたことがある。病んで性風俗から上がったのではない。好きだと思える彼氏と付き合えたからだ。「その人は、私がフーゾク嬢だと知ってて、それでも付き合ってくれていた。だから『この人のためにヤメないと』って」

「こんなに汚い私を受け入れてくれる、みたいな？」

カナは、それは違うといった感じで言葉をかぶせた。

「あー、私、自分のことをそんなに汚いとは思ってなくて。ただ、彼女がフーゾク嬢だなんて嫌だろうな、とは思ったので」

にもかかわらず、大好きな彼氏と別れたカナは、今度はＪＫリフレに手を出した。

二二歳、大学を卒業して就職を控えた春休みのことだった。

「もうウリをしない理由がなくなったので割のいいバイトを探していた。そんな時期にマンガやアニメなどの趣味が合う友達から誘われて。『実は私、ＪＫリフレで働いてるんだよね。やってみない？』、みたいなノリで。みんな現役ＪＫ時代から始めてるのに、めっちゃ遅いですよね、アハハ」

こうしてカナは遅咲きながらＪＫビジネス嬢になった。

「その友達に性風俗での経験を話した？」

「リア友に引かれちゃうのは嫌だから、ソープとかは隠して、軽いオナクラ経験があることだけ話しました」

「だからその友達はリフレに誘ってきたんだね」

「あー、（リフレで働いていることを）打ち明けてくれたそのコが先で、『抵抗ない？』みたいに聞かれた時に、『前にオナクラとかやったことがあるから』って」

「ＪＫビジネスの存在は知っていた？」

「秋葉原で一斉摘発があった時にテレビのワイドショーで取り上げられてるのを見て知りました。たしか高二か高三だったと思う」

二〇一三年一月の、都内の計一七店のＪＫリフレが労働基準法違反容疑で一斉捜査されたことだろう。かつてないほどの大捜査を、当時はマスコミが大々的に取り上げたものだ。

報道内容はもちろんその危険性を警告するものだが、皮肉なことに女子高生でも性風俗的な商売ができることを知らしめる結果になっていた。カナもそのひとりだった。

「知ってたけど、性風俗より稼げるイメージはなかった？」

「なかったです。現役ＪＫを使ってて、たまに摘発されちゃうヤバい業種かと」

「性風俗とＪＫビジネス、どっちがいい？」

「絶対にフーゾクの方がいいです。リフレはお客さんと（裏オプの）交渉しなきゃいけないじゃないですかぁ。ハグから本番まで、早い話が決まったサービスがないのが面倒臭い。風俗なら、ソープなら本番まで、ヘルスなら本番以外の全て。その中で、いかに自分のテクニックや接客技術を高めるかだけだから。なかにはゴムなしとか中出しさせてるコもいるし、振り幅が大きすぎて、私には合わない」

「本番はしているの？」

「前はやってたけど、いまは手（コキ）までになりました。本番の相場が、下は五千円ってコもいれば、上は青天井。指名を取るには値段を下げなきゃいけないので。前は三万以下ではやってなくて、下げたこともあるんだけど結局、そうやって値切るお客さんってリピーターに繋がらないんですよね。指名を取ろうと、こっちがせっかく安くしてあげたのに、一回やって満足しちゃって。それだと自分がしんどくなる一方で」

カナが性風俗を上位に置く理由が手に取るようにわかる。頑張れば頑張るほど、腕を磨けば磨くほどカネが降ってくる。服を脱がせるなどの小さなおもてなしひとつで客の心を掴むこともある。決してビジュアルだけが優位に働く世界ではないのだ。対してJKビジネスだと、こうはいかない。

「値引きなどの指名を取るための接客サービスが、自分の稼ぎには繋がらないよね？」

「繋がらないし、吉原の高級ソープで六〇分三万円で売っていた私が、なんでそれ以下のお金で本番しなくちゃいけないんだって。もちろん若かったからそれくらいの値段で買ってくれていたってのもあるんでしょうけど。そういう風にすべて費用対効果で測っちゃうからJKビジネスが合わないんでしょうね」

「JKビジネスに転身して稼ぎが減った？」

「一日の最高額が一六万とか、一時的には上がったこともありましたけど、ウチの店が暇なのか月収的には安定しない。お客さんによっては本番で三くれる人と、手で五千円だけって人もいて、同じ拘束時間なのに落差が大きいから」

「では、なぜＪＫビジネスを続けているの？」

「いまの店は一年くらい続けている。最近はほとんど出勤してなくて、在籍期間は長いけど、実際に働いた日数にしたら六〇日ぐらい。それにリフレだけでは月に一〇万とかしか稼げてない」

「リフレは魅力的な場所ではなかったんだ」

「そうですね。私的には合わなかった」

「それでも性風俗業界には戻らないんでしょ？」

「あっ、戻りますよ。今度は……高級デリか高級ソープに。もうお店も決まってます。せっかくフーゾクに関わっているので、将来は裏方（性風俗店の経営者）になるのが夢ですね。自分がプレイヤーを引退して、女のコが稼げる環境を作ってあげたい。男ばかりが稼いでるのがムカつくし、女のコって搾取される側に見られがちじゃないですかぁ。だからそう見ている男たちから搾り取れる女のコを育てたいなって。搾取されてるように見せつつ、実は搾り取ってて、裏でケラケラ笑ってるようなコを」

カナは幼い頃、医者か客室乗務員になることを夢見ていた。そのまま勉学に励み続けていれば十中八九叶っていたことだろう。しかし実兄から受けたレイプ紛いの原体験が事の始まりで、性風俗とＪＫビジネスを経て、いつしかその夢は性風俗業界の改革と、ＪＫビジネスに従事する第三者への復讐に変わっていた。高学歴のカナにしてみれば、風俗嬢は頑張っているが、リフレ嬢はラクをしているだけ、ということか。

「私、リフレ業界が大嫌いなんで」

器用にオンナを転がすホストに抱くのと同じ類の嫌悪感か。

「客も経営者もリフレで働いてる女のコも、みんな嫌い」

カナの口からは、ＪＫビジネスに対する恨み節が尽きなかった。それは数多の性風俗を経験したからこそ言える、単純明快な理由からだった。

「みんな考えが甘いから。私は、(本番風俗とか)嫌なことも経験してコッチの業界に来てるじゃないですかぁ。だから、やってることがヌル過ぎるというか、世の中ナメてると思う。なかにはキスとかフェラとかやらずに稼いでいるコもいて、そういうコがいずれ稼げなくなって、どこまで落ちて行くか見モノです」

プロから見れば甘い世界――だが、その緩さを求めて、いまも少女たちがＪＫビジネスに群がっている。

しかしカナは、ハダカを売る業界はプロである風俗嬢こそが稼げる世界であって欲しいと言う。それはＪＫビジネスをやっている自分への恨みなのだろうか。だが「風俗嬢こそが稼げる世界であって欲しい」という気持ちが個人的な意識の問題である限り、たとえ風俗嬢が稼げる環境を作れたとしても、ＪＫビジネスがラクしては稼げない状況に追い込まれリフレ嬢が落ちたとしても、それで恨みが晴れるようなことはないだろう。さらにカナのことを酷だと思うのは唯一、その恨みを忘れさせてくれる存在であるはずの彼氏が、いまは所属する派遣型リフレの店長だという現実だった。

「このままだと単に悲観的な女のコですね。本当は、あまり可哀想って思われたくないんですけどね。私がいま言えるのは、カラダは売ってもココロは絶対に売らないこと。まだ人間としての尊厳があるつもりなんで、これでも」

こうして他人に刃を向けることなど無意味だとわかっているけど「どうしようもない」。人間だれしも飛び越えてはならぬと心に決めた境界線がある。引かれたデッドラインは人それぞれだが、カナの場合はカラダを売る、売らないではないことだけははっきりしている。僕は「なぜ裏オプするのか」を主題に取材してきたが、当のカナからしてみれば、カネでセックスすることより大人に利用されることの方が堪え難い。だからリフレ嬢に対して〝甘い〟となじる。プロが稼げる世界であって欲しいと願うのだ。

「これだけははっきり言っておきたい。私はいつも〝男を抱いてやってる感覚〟ですから」

カナは、帰り支度をしながら僕がずっと「抱かれる」という表現をしていたことを腹に据えかねていたかのように言い捨てた。

裏切り

第六章

「アイドル活動も本番も同じこと」（ノゾミ 一九歳）

恋愛禁止のルールの元に活動する清純な存在。

アイドルと聞けば、誰もがそんなイメージを持つことだろう。少なくとも、援助交際や性風俗とは無縁だと。

だが、現実にはカラダを売っているアイドルは少なくない。それは取材にあたり、複数のＪＫビジネスオーナーに「アイドルをやりながらウリをしている女のコはいないか」と打診したところ、「いるにはいるが……」と否定しなかったことでも分かる。

さらに僕は、数年前まで小さな音楽事務所の役員になり、そこでインディーズアイドルのマネージメントに関わっていた。ひとたびライブをすれば三〇〇人ほどのファンが集まるなど、地下アイドルとしてはトップクラスの人気を誇っていたが、そのアイドルのもう一つの顔は吉原の現役ソープ嬢だった。

池袋の派遣型リフレ店『Ｅ』で、少女は働いていた。オーナーからの紹介で、近場のラブホテルで待ち合わせた。約束の時間から五分ほど遅れて部屋のチャイムが鳴った。まるでデリヘル嬢を待っている時のことかのように。

「遅れてすいません」

デリヘル嬢のイメージからはかけ離れる、紺色の就活スーツ姿にバッグと紙袋を持った、胸のあたりまで伸びた黒髪が印象的な少女が立っていた。その姿から分かる様に、就職活動で某ホテルチェーンの面接を受けた帰りだった。

「初体験は一七歳の夏です。経験人数は、プライベートでは七〜八人。仕事を含めると……もう分かんないくらい」

ふたりでベッドサイドに腰を下ろし、匿名だから包み隠さす話して欲しいとこちらの意図を説明すると、ノゾミは自分の援助交際歴を剥き出しにした。こんな地味目の少女までもがカラダを売っているのかと驚いた。埼玉県在住で、両親と二つ上の姉と四人で暮らす。高校在学中は生徒会の役員までする優等生だった。

「ウリを始めたのは高二の春、最初はネットの掲示板などで制服や下着を売っていました。理由は、お金。ウリを始める前、ネットアイドルをしていたんですよ。それで週末はライブに呼んでもらったりしていて、平日は生徒会をやってたので、バイトをする時間がほとんどなくて。その後にＡＫＢに憧れて地下アイドルになったら、今度はもっとお金が必要になったんですよね。ウチのグループは完全歩合制で、給与はチェキのバックだけ。多くて月に二～三万だから、衣装代とかライブ会場までの交通費とか、アイドルを続けるにはどうしてもお金が足りなくて。それでも、有り難いことに私とチェキを撮ってくれる方はそれなりにいてくださったので、他のコよりは大幅赤字って訳ではなかったんですけど。給与は茶封筒に入れて現金で渡されるんですけど、小銭がチャリンと鳴るだけのコもいますから」

ノゾミは秋葉原を中心に活動する、一〇人ほどの小規模アイドルグループのメンバーのひとりだ。いわゆる地下アイドルで、数十人のファンを相手に歌って踊るライブ活動が主だが、テレビ出演もするなどそれなりに成功していた。

それでもライブの収益は事務所の取り分になり、アイドルが手にできるのはファンとの交流の際に一枚一千円でツーショット撮影するポラロイドカメラの収益の半分だけ。下着は売っても、カラダを売る気など毛頭なかったノゾミのココロも揺れる。

アイドルを続けるためにウリをする――。ファンへの裏切りとも言える行為は、好きでもない年上の元カレが引き金になった。

「私、最初のセックスがレイプみたいな感じだったんですよ。ネットアイドルをしていた当時、一つ上のファンの人と遠距離恋愛してました。ちゃんとした彼氏だったけど、半年くらい付き合って完全に冷めていた時に、『ノゾミに会いに新幹線のチケット取っちゃった』と言われ、『チケットまで買わせて悪いな』と思って別れ話を切り出せなくて。それで東京で会って、映画を見た後に『ホテルに行こう』みたいな流れになりました。

セックスすること自体は『まっ、いいか』ぐらいの感覚だったんですけど、まさかのナマ中出しされて……。だから以降、もう『キレイなカラダじゃないから』と、セックスなんてどうでもよくなっちゃって。

ウリ時代は本番はしてなくて、口（フェラ）までイチゴー。相場はそれだけど、実際にはお兄さん（客）と相談して決めてました。その流れで『もう少しヤバいことしてみよう』と、稼ぐために裏オプの世界に入った感じです」

となればアイドルを続けるために手段を選ばなくて良くなった。当初は下着などの私物を売るだけだったが、次第にエスカレート。そしてお決まりの転落である。タガが外れた少女はアイドル活動をしながら、カネのためにカラダを売るようになった。

ノゾミは派遣型のＪＫリフレ『Ｅ』の面接を受け、本番に精を出す。一八歳、専門学校に入学して一ヶ月が過ぎていた。

「友達が警察官を目指しているんですけど、お金がなくて、本当はＪＫビジネスとか風俗的なバイトをしたいんだけど、警察試験って履歴を復刻して携帯番号を確認されちゃうので、『怪しい店の番号にかけた履歴があるとマズいんだよね』と言われ。なら私の携帯使いないなよと、私の携帯からリフレの面接の電話を入れた。

一人で行かせるのは不安だったから、私も一緒に行くと言って二人で面接に行ったんです。それで高校生になり、私たちの代はＪＫビジネスで働いてないコを数えた方が早いほど荒れてたんですよね。クラスではリフレとか散歩とかの単語がフツーに飛び交ってて、友達との会話のなかで『オヤジとやってカネをもらう』みたいな感じで仕事の中身をさらに深く知りました。それで『へー、資本ゼロで稼げるなんてラッキーじゃない？』みたいに思って」

中学二年生だったノゾミも業界に憎しみを抱いていたカナと同様、一斉捜査のニュースでＪＫビジネスの存在を知った。僕も報じたひとりだが、こうして少女たちが業界入りするきっかけ作りをしてしまっていると思うと、その是非について考えさせられるものがある。

難なく面接をパスしたノゾミは、幸か不幸かリフレ嬢になる。「どうせなら楽しんで帰ってもらいたい」と、持ち前のサービス精神で手コキやフェラだけの客でも全裸で対応したのが大当たり。さらに本番を解禁したことで、面白いように客が集まった。

「本番は三万で、ゴム着きで。良いときは一日七、八万いきます。でも生理日と被っちゃうと、どうしてもやれないからかなり下がっちゃいますけど。手なら一万、手と口で一万五千円。実入りは週二の出勤で、月に三〇万くらい。みんな三万くらいでやってるから基本、値切られても二万五千円以下には下げない。でもハタチのお兄さんと六〇歳過ぎのオジイさんとで比較すると、やっぱりこっちのモチベーションも違ってくる。だから若いお客さんで、私と金銭感覚が変わらないと思うと、お金がないのも理解できるから二万までは下げたりはしますけどね」

『E』での相場で自然、彼女の本番の価値も決まった。ノゾミは大三枚だった。オヤジからは大金を巻き上げるが、同世代には情と経済状況とが交錯してダンピング。これがノゾミのやり方だった。


ノゾミももちろん、カネのためにカラダを売った。「でも、カネ以外にも手に入れたいものがあったんです」とも言う。

会えば優しくしてくれる大人たち。「また会いたい」と言ってくれて、次の出勤日にはその通りにホテルで待っていてくれた。何かに飢えていたノゾミは、カネでセックスする度に自分の欲しかったものがだんだんと心に刻まれていく。

「基本的に私、リストカットはしないまでもメンヘラなんですよ。だから誰かに必要とされていたいんですよ。私にとってはアイドル活動もリフレも同じなんです。アイドルやってるのも『ノゾミ〜!』って声援くれる、ファンに求められてる感が嬉しいし、本番するのも結局、今日の私にいくらの価値があったのかが値段で出るから嬉しいし、安心できるんです。本番して、お金をもらって、今日の私はウン万円の価値があったんだなって自覚できるから。

それが嬉しくて。だから、別に『本番してもいいかな』って。リフレ嬢になったその日に、誰に言われるわけでもなく本番しましたね。いくらで買ってもらえたら安心する？　あっ、値段が付けば、いくらでも。こんな私でも『必要とされてる』って。お金がもらえるなら誰とでもセックスできます。我慢……まあ、してる時もあります。でも大半は楽しんでやってます」

ノゾミは制服姿でファンの声援を集めたかと思えば、その数時間後には『E』に出勤。

指名が入るとラブホテルで制服を脱ぎ大人たちに抱かれた。そうしてアイドルとして華やかなステージで歌うことと、リフレで本番することが地続きであり等価であると言うのだから驚いてしまう。しかし、所属するグループには、いくら地下とはいえ恋愛禁止など厳しい規律があるのでは。

「ウチは彼氏ができたら『マネージャーさんに報告してね』というルールなので。ファンの人たちは、私が処女で、あわ良くば付き合いたいと思って応援してくれてるんだと思うけど、あのー、アイドルやっている時と、リフレ嬢ではスイッチを入れ替えて演じ分けているんですよ。家にいる時と、友達に会いに行く時って変わるじゃないですかぁ。そういう感じでスイッチを入れ替えてる。だから、アイドルの私とリフレ嬢の私はもう、全く別人なんです。こう（裏オプ）して活動資金を稼ぐしかアイドルが続けられないから『しょうがなくない？』、みたいな」

衣装代もバカにならない。

「基本的な衣装は支給されるんですけど、学園がコンセプトのネットのレギュラー番組があって、制服着用が義務付けられていました。でも私は、学校からアイドル活動を禁止されていたので、通ってる高校の制服が着られなかったんですよ。だからドンキ（ドンキホーテ）で買ってとかしてると、万札なんて簡単に飛んでいくんです。あと、私は周りのコみたいヴィジュアル系にハマってるんじゃなくて、ニコニコ動画の生主で推しの人がいて、もう四年も追っかけをやってる。その人が大好きで、地方ライブに行くための費用も稼がなきゃいけない。家のルールで、交通費の安い深夜バスではなく新幹線で行くことが義務付けられていて、往復すると三万とか簡単に飛ぶんですよ。加えてグッズ代と差し入れ代と宿泊費ってなると、どうしてもカラダを売ることが必要になってくるから」

ノゾミもこれまで取材した少女たちのように、貢ぐためにカラダを売ることは当然という考えだ。

「みんな言わないだけで、私のようにＪＫリフレで働いている地下アイドルは少なくないと思います。でも地下アイドルの世界で、本気でトップになりたいと思ってるコはやらないと思います。仮にメジャーデビューしたとしたら、絶対に過去を売られるので。でも私は、アイドル業界で成功しようとは思ってないから。だから私は、ＡＫＢのようにメジャーになりたいわけじゃない。もちろん入れたらいいですけど、ＡＫＢに入れるような玉じゃないことは自分でよく理解しているつもりなんで。地下アイドルって、もう小学生からいるんですよ。そんな状況で、現状で入れてなかったら、今後も絶対にメジャーには行けない。アイドルにも賞味期限があるんですよ。次々に新しいコが入ってくる業界なんですよ。だから若くて可愛いってだけが商品価値」

アイドル活動をはじめた頃は、ＡＫＢみたいになりたいと思った。でも一番の理由は学校への反発だ。

「ネットアイドル時代、学校から生徒会をやってるからという理由でアイドル活動をヤメるように言われたんですよ。私は、ネットアイドルをやりつつも、学業はもちろん生徒会の仕事も疎かにしてなかった。学校にとっては不満足な部分がなかったはずなのに、理不尽に咎められた。それなら『プロになれば文句ないでしょ』と反発して地下アイドルになったんですよ」

だからといって、リフレで本番することは、ファンに対しての重大な裏切り行為に違いはない。

「それは……悪いなとはあまり思わないです。あくまで別人格だから。いくら別人格と言っても……そうですね、結果的にファンを裏切ってることに変わりはないですね。まあ、そこは割り切りですかね……お仕事している時は、リフレにお客様として来たら、どうしよう。ライブに、リフレのお客さんと鉢合わせしたら、どうしよう。そう心配になったりはします。でも、あくまでそんな不測の事態が心配なだけで、悪いとは思わないです。それに私が売る夢なんて、そんなに価値なんてない」

ノゾミはまだ、本番してファンを裏切る自分を完全に切り離せていないようだった。それは、ノゾミは「ワリキリ」と言った後、少し寂しそうに視線を下に落としたことから僕が感じたことだ。メジャーになれない私に価値なんてない。だから裏切っても構わない。舞台とベッドを何度も往復すると、ファンとリフレ客の境界線がだんだん曖昧になってくる。そして「ファンのために売春している」と自分に言い聞かせる。

デリヘルの届け出済みのリフレ店であっても基本、本番をしていい道理はない。ノゾミはそれをわかっているのだろうか。

「ダメなのは知ってます」

これまで取材した少女たち同様、一応の理解はしているという。ならはノゾミはそれを自分の中でどう処理しているのだろうか。レイプされたら、警察に踏み込まれたら……そうした事態についても。

「考えたりはしますけど、ネズミ捕り（警察によるガサ入れ）が来ても大丈夫な年齢ではあるし。まあ、あまり深くは考えないようにしてます。だってお客様はそのつもりでいらしてるじゃないですか。なら、別に」

カネが絡んではいるが、だからこそやってることはセフレとエッチするのと変わらないと、ノゾミはことさらに強調した。

「結局、そこがポイントなんだと思うけど、『何が違うの？』って。もちろん大人の世界のルール的にはダメなんでしょうけど。店を通じてセフレと会ってお金をもらっているだけで、それ以上でも以下でもないと思ってるんですよね」

ウリだけでなく一般のアルバイト経験もあった。一五歳、高校生になってすぐにショッピングモールのフードコートで、時給九八〇円でピザを焼いた。だからカネを稼ぐ大変さなど言われなくても分かっている。ちゃんとセックスしているのだからその対価で心付けをもらうことが悪いとは言えない、ノゾミが道徳を無視するのは、そうした背景があるからでもある。

実は金銭感覚が狂うのが嫌で、先日まで居酒屋のアルバイトをしていたという。この「金銭感覚が狂うから」という理由は多くのＪＫビジネス嬢が口にする。しかし金銭感覚など、大人になれば誰でも自然に狂っていくものだ。収入が増えれば人は、それに応じた生活水準になる。なのに、なぜ金銭感覚に拘るのか。プロと見られることに二の足を踏むように。

「この仕事ってフツーに働くのがバカらしくなるじゃないですかぁ。就職して、あくせく働いて、月に二〇万とか稼ぐのがバカみたいに思えてくるじゃないですかぁ。でもリフレは、せいぜい二五歳くらいまでしか働けない。そう考えると、いまバグっちゃダメだな、みたいな。自分の賞味期限はハタチぐらいまでが限度だと分かっているので。ババアになったら意味ないよね、どんどん新しいコたちが入ってくるしねって。だから、もう一年後にはハタチになっちゃうからマジで焦ります。いまの店にも、現役を卒業したての一八歳がどんどん入って来てるので。二五歳を過ぎたらオバサンなので、新しく入ってくるコたちを尻目に『きっつ！』と思いながら働いてます」

賞味期限までにハダカを換金することが正義と語る。だから賞味期限が切れたらフーゾクで働く気はない。

「割に合わないと思う。だってシャワー浴びずに口でしなくちゃいけないんでしょ？」

「そんなことないよ。デリヘルならシャワーを浴びるし、ソープならお風呂も入れるしそれに、キミなら一〇〇万以上は稼げるよ」と、あまりに無知なノゾミに僕がそう性風俗業界の内情を説明すると、「えー、そうなんですか。そんくらい稼ぎたいなぁ」とはしゃぎながら、続けた。

「いままで知識がなくて敬遠してたけど、それなら別に泡でも風呂でもいいかな」

「泡と風呂は、ソープの例えとして使われる俗称で、同じ意味だよ」

「えー、なんか違う。私の中では、泡はソープで、風呂はヘルスとかそれ以外のフーゾクって感じ。単純にバッチイ業界だと思ってました」

「フーゾクは、指名されれば、例えキモい客でもキス、フェラ、素股と絶対に決められたプレイをしなくちゃダメだから。しかもリフレも散歩も受け身でよくて、手を抜いてもお金はもらえる。でもフーゾクだとそうはいかない。リフレでチヤホヤされるのを経験すると、それも我慢できなかった」と、過去に取材したハタチの専門学生が言っていたのを思い出した。リフレ嬢によくあるパターンだが、ノゾミは「不衛生じゃないならフーゾクでもいい」と、ＪＫビジネスへの拘りはない。

「目を閉じて、頭の裏でスイッチを切り替えれば大丈夫です。もうどんな環境でもカラダを売れます」

「頭の裏では何を考えオヤジたちに抱かれているの？」

「何も考えてない。エンコーするときは、実際に目を閉じて、本当に後頭部にあるスイッチを『パチ』って切り替えるんですよ。無になるというよりは、『リフレ嬢・ノゾミ』のスイッチが入るんだと思います。そのスイッチの切り替えで、アイドルだったり、リフレ嬢だったりを演じられるんです」

それでもアイドルとリフレ嬢、本当は「どちらで必要とされたい」との質問には、少し考えながら複雑な胸中をこう語る。

「やっぱりアイドルですかね。お金の面ではリフレ嬢ですけど、目の前が自分のカラーのサイリュウムで輝いていたり、『ノゾミ〜！』と熱い声援を送ってくれたりするファンの方たちを見ると、リフレ以上に心に響くんですよね。私はオタクだから、オタクの気持ちが分かるんです。私に入ってくるお金は少なくても、会いに来てくれて、チェキ撮ってと、今日一日を私に費やしてくれてると思うとリフレより安心できる。ライブの度に現場に来てくれるのは三〇人くらいで、ツイッターのフォロワーは四〇〇人くらいなのでまだまだですけど、私、そんなファンの人たちが大好きなんで」

カネでセックスすることは別人格による仕業に過ぎない。売春している私のことは、ファンも知らなければアイドルのノゾミもノータッチ。リフレ客だけはもうひとりの私を知っているが、そこがリンクしなければ誰も不幸にならないというわけだ。

ノゾミには、学校卒業後、新たな人生設計がある。アイドルもリフレも潮時と、親元を離れホテル関係の仕事に就職する。実は「嬉しいし、安心できる」アイドルやリフレを投げ出してまで親元から離れるのには伏線がある。両親が、いわゆる毒親で、幼い頃から虐待が絶えなかったのだ。

「椅子に紐でくくりつけられながらゴハンを食べる毎日でした。それが異常なことだと知ったのは、中学に入ってから。グズって、泣くと、雨だろうが雪が降っていようが、全裸でベランダに二時間放置が当たり前だった。手で叩くとママの手が痛いから、竹製のモノサシで叩かれて……。片付けをしないとか些細なことで虐待が始まるんですが、私が怒られ、叩かれるのが分かってるから『私が散らかした。ノゾミは悪くないから』と、お姉ちゃんが庇ってくれていた。するとお姉ちゃんは、もっと酷い仕打ちに。殴る、蹴るは当たり前で。

だからお姉ちゃんにはめっちゃ感謝してる。いまも二人して二段ベッドで寝てるくらい仲良いし。お姉ちゃんが門限を何度も破ったことがあって、それが原因で私たち姉妹を監視するためリビングに監視カメラをつけられたことも。一度でも時間通りに帰って来ないと、一ヶ月くらい学校と家との往復だけに行動を制限された。親が監視カメラで娘を監視するなんて異常ですよね」

虐待から逃れるべく、親とはなるべく関わらないよう生きてきた。家には寝るためだけに帰るだけ。食事も洋服代もなるべく自分で稼いだカネでやりくりした。それを可能にしたのがＪＫビジネスだった。一回、たった六〇分のエンコーで当面の生活費が稼げてしまった。

「だから〝彼ら〟のことを、何度も『死ねばいいのに』と思った。でも『殺したい』とは思わない。私の手を汚すほど価値のある人間だとは思わないから」

監視のために盗撮する善悪の判断がつかなくなったヒステリーな親というのがノゾミの理解だが、娘を溺愛するあまりにとった行動かもしれない。

「愛情の裏返しとは違うと思います。彼らにとってお人形に過ぎないんです、私。いらなくなったオモチャでも誰かに取られるのは嫌ですよね？　そういう感覚なんだろうと思います」

僕が「親は子を愛している」という建前に囚われ過ぎているのか。ノゾミは両親を〝彼ら〟と形容して軽蔑し、家を出る。既に関西のホテルチェーンに内定を貰うなど、親の目が届かない土地に就職先を確保した。両親の虐待から逃れるためだが、僕が「本当は親に愛されたかったのでは」と何度も問いかけると、思わぬ反応があった。暴走した契機は高二のレイプ事件だが、「その段階でちゃんと愛されていたら好きでもない人に同情してセックスすることもなかったと思う」と、親への承認欲求を覗かせたのだ。

「私は人生で一度も親に愛されたことがない。だから『愛ってこういうもの』という形を知らないし、セックスの価値だってわからない。そしてレイプされてもう、『どうでもいいや』と思った」

確かにセックスは愛を測る尺度かもしれないが、カネのためのセックスが愛であるはずがない。

「カラダを売れば私の価値がわかる。お金という数値で教えてくれるから」

自分という価値を再確認させて欲しい——とにかくアイドル活動を続けるためにハダカになることが、いまはノゾミの生きる原動力になっている。

「見た目が若ければ三〇歳でも働ける」（ミズキ 二五歳）

教室風に飾られた六帖ほどの部屋で、セーラー服やメイド服姿の少女たちがツイスターゲームをしながらはしゃいでいる。僕はそれを、マジックミラーを隔てた仄暗い小部屋から覗いている。圧倒されるのは、その大胆さだ。パンチラも気にせずゲームに興じる者。どころか、スカートをまくり上げて思い切りパンツを見せている者までいる。

一〇分二千円のプレイ代を払い、名札に「一八番」と書かれた少女を指名すると、一八番は僕の部屋の前に移動し、周囲を遮断するためカーテンを閉めた。

「ご指名ありがとうございます。今日はちょっと大胆にガータベルトにしてみました」

そう挨拶すると、あろうことかスートを捲し上げ純白のパンツを露にし、指で局部をなぞり始めたのだ。

「はぁ、はぁあっ」

そう吐息が漏れ伝わってきそうなほどの乱れっぷりだ。胸元を大胆に開けてオッパイを寄せてコチラに見せつけたり、四つん這いになりパンツをずらして尻を露にしたり。半裸状態のまま指で局部をなぞって吐息を漏らす様は、まるでのぞき部屋の〝オナニー・ショー〟だ。マジックミラー越しとはいえ、こうして少女が客前で痴態を晒す様は異様でしかない。

現在の女子高生見学クラブは、かつて問題になったアンダーを使う手口ではなく、摘発や条例施行を契機に一八歳以上しか在籍していない。

若い女性に制服などのコスプレをさせて現役女子高生風に見せる商売法に切り替え、最近では、開業にあたり興行場法を取得することでお上のお墨付きを得たと勘違いし、指名を取るために「パフォ」と呼ばれる過激なオナニー・ショーが横行している。パンチラだけには止まらず、ナマ乳や性器を露出する暴走が始まっているのが、黎明期の見学店とは大きく異なる点だ。

かつては一大ブームになったＪＫ見学クラブだが、いま業界は派遣型リフレが主流になっている。「見るだけ」のため、性行為を求める客たちは裏オプありのリフレに流れた。また少女たちも、より多くの稼ぎを求めリフレに移った。

「残っているのは、稼ぎは少ないけどこのラクさから抜け出せない経験者ばかり」

肩まで伸びた髪を茶色に染め、ギャルブランドのショップバッグを提げて現れたオンナは、一見すると渋谷で遊んでいそうな女子高生だが、時折見せる疲れた笑顔は、これまで取材した風俗嬢と同質の臭いを感じさせる。

「高校を卒業してすぐでした。実は現役ＪＫ時代にリフレをやってて、そのことを大学の友達に話したら、『座ってるだけでお金が稼げるよ。めちゃラクだよ。一緒に体験入店してみない？』って誘われて。リフレを始めたのは、フッーに池袋を歩いていたら、スカウトの人に『秋葉原で仕事しない？』みたいに言われて。それで暇だったから着いて行ったのがきっかけ。でも見学店の方がラクだったからすぐに乗り換えた」

一八歳、現役時代に業界入りしたミズキは男にキャッチされたのを契機に、そうして斜陽になった見学店にいまもしがみ続けている。二五歳。七年の時が流れ、業界では「オバサン扱い」される年齢になってしまっていた。

ミズキはなぜ斜陽になった見学店にすがるのか。

「みんな年頃のコたちだから、大学ではワリのいいバイトの話になる。それで選んだのがキャバでもフーゾクでもなくて見学店だった。キャバは夜の時間を犠牲にしなくちゃいけないし、お客さんと連絡取らないといけないし。そこにきて見学店なら『ケータイ弄って充電してるだけでいいんだよ』と勧められた。『普段は友達と話してて、指名された時だけちょっとパンチラすればいいから』みたいに。

時給千円で、一本一〇分の指名が入ると千円バック。五分なら、その半額。対してお客さんは、指名料を含めたパック料金で入店して、四〇分（四千円）だと指名が一本。六〇分（六千円）だと二本付く仕組み。

最初に入ったのは池袋の店。それから新宿、渋谷と渡り歩いたけど、どこも似たようなシステムだった。でも見学店は、エッチなことがないから、あんまり稼げない。どんだけ頑張っても一日三万くらいかな。

リフレで裏オプした方が稼げるのは知ってる。リフレはやっぱり接客があるから。オヤジと喋らなきゃいけないし、やりたくないオプションだったり、客さんを選んで裏オプするにせよ実際に対面するから『息がくさい』とか嫌なことがある。でも見学店は壁（マジックミラー）があるから気にならない。男性器の臭いもないしそれに、舐めなくてもいいし。

リフレ時代は、現役（女子高生）の時は裏（オプ）をしてなくて、卒業してからようやく『手（コキ）ぐらいいいや』ってなった。意外とお堅い人間だったから。売値は手コキで八千円。相場の倍近くだけど、どうしても稼ぎたいワケじゃないから、『私は手で八千円だからぁ』とか言って、普段はやらないコが仕方なくやってる感じにして、希少価値を高めて。それは、お客さんもリフレに来てる時点でそういう（ヌキたい）気分で来てるワケだから、交渉の主導権が握れるから。

その『手までしかヤラない』という自分ルールを決めてるのは、親とか彼氏とかは関係ない。守ってるのはジブン、自分。

裏オプして日に一〇万、二〇万って稼いでるコもザラだけど、そこまでカネに執着がない。私は実家暮らしで、お金に切羽詰まってやってるわけじゃないから。午後三時から一〇時まで、週四で出勤。一日の指名が一〇本ぐらいで、月平均三〇万くらいの稼ぎがある。稼いだお金で友達とカラオケ行ったり、服を買ったり、フツーに生活費で使ってるだけです。あっ、そんなに激しくは使ってないけど、ヴィジュアル系のライブに行ったりはする。

見学は、テキトーにパフォして、終わったら『ありがとうございます』って言っとけばいいから、ラク。こんなにボロい商売はないと思う。みんながＯＬやってたり、リフレ嬢として接客してるなかで、私だけはポテチを食いながら隣の友達と喋ってるだけ。ｉＰａｄで映画とか見てるだけで『ああ、もう三時間も過ぎたんだ。ラッキー、時給ゲット！』って」

確かに黎明期の見学店はただ座っているだけでカネになった。接客と言っても、せいぜい〝体育座り〟までだった。

二〇一一年一一月に見学店の元祖として知られる横浜『J—KEN』を作った藤井貴光は、「構想は二〇年前からありました。ブルセラ全盛時代、渋谷の繁華街をスカートの丈を短くした女子高生が歩いていると、必ず男が付き纏っている光景をよく見かけまして、これは商売になると踏んで」と開業の経緯を語っている。一〇分一～二千円のオプション代を払えば、気になるコを指名して「体育座り」や「目の前に立つ」「イスに座る」などの指示を出せる。すると偶発的に下着が覗けるという、マニアにしか届きそうもない趣向だった。

しかし現在の見学店は、さにあらず。客の要望がエスカレートし、指名されれば客たちのオナニーを誘発するため「パフォ」を披露することが当たり前になっている。ミズキの声を聞こう。

「パフォは、店の人から『エロいダンスをしろ』って言われるわけじゃない。先輩の演ってるのを見て『徐々に覚えていけばいいよ』、みたいな感じに言われただけだった。だから指名されても、最初は何をしていいか分からなかった。でも個室とかに移動するワケじゃないから、他の女のコがどんなことをしてるかが見える。だからそれを見て、『こんなことしなきゃダメだなんだ』って驚いた。想像では、少しスカートを捲ってパンツを『チラっ』とするだけかと思ってたら、パンツが丸見え状態で腰を振ったり、アソコを指でなぞったり、『結構ヤバいことするんだな』みたいな。それで教えてもらうっていうよりは、見よう見真似でやってみた。

パフォは、全裸にならないだけでストリップと変わらない。うん、めっちゃギリギリ。オッパイはもちろん、場合によってはアソコを見せるコもいる。私は、具は見せないけど、フツーにブラを外して『手ブラ』したり、パンツを捲って『Tバック状態』にしたりはする。もちろんフェラをするマネをしたり、オナニーしている感じで指でアソコをなぞりながらイったふりをしたりはしてる。

プライベートでオナニーはするけど、パフォでやってるのは偽物。本気ではやってないです。擬似オナニーの方法？　客の手の動きが、なんとなくだけど激しい時とゆっくりな時とがある。その激しくなってる時のパフォが『好きなんだな』と思って、相手の反応を見ながらその動きを重点的にするようにしてる。

実は男性部屋が薄っすらと透けて見えるんですよ。バックスタイルの反応が良かったら、四つん這いでの擬似オナニーを長めにやったり。私が舌を出して、お客さんが立ち上がってミラーに近づいて来たら『仁王立ちで擬似フェラして欲しいんだな』とか。

抵抗？　ウフフ、もうなくなった。最初は『恥ずかしい……私、何やってんだろう』って思ってたけど、だんだんと。やっぱりお金かな。お金もだけど、慣れも。それに見学店はマジックミラー越しの接客だから、女のコ側でナニしてようがお客さんと触れ合うワケじゃないから。女のコたちも、みんなオナニー・ショーをするわけだから。端から見ればヤバいことしてると思うけど、その空間にいる限りはフツーの行為だから。

お客さんはミラー越しにメッセージボードを見せてパフォのリクエストをしたりするけど、私は『乳首見せて、具を見せて』とかはシカト。『もっとエロいポージングして』とか、『もっとパンツを食い込ませて』とかは大丈夫です」

パフォが激しくなれば、客との接触がないだけで、やってることは性風俗と大差ない。

それを悟った見学嬢の多くは、リフレや性風俗へと業態をステップアップさせた。

「私は向上心がないからいまの生活が保てる程度に稼げればいい。だから、続けられるだけ居座りたいなって。いま見学店にいるコは、見学店がＪＫビジネス・デビューじゃない。ほぼ全員が、見学店やリフレで経験を積んだコ。新規のコ、未経験の若いコってのは絶対に入って来なくて、業界では見学よりリフレの方が有名で。残っているのは、このラクさから抜け出せない見学店経験者ばかり。だから、みんな若く見えるけど、実際は二〇代半ばだらけ。上は……二八歳、三〇歳もいる」

当たり前の話だが、三〇歳が現役ＪＫに見えるわけがない。ハタチと一六の違いは見抜けないが、三〇と一六なら誰でもわかる。だが。

「店は、ＪＫビジネスなのに見た目が若ければ三〇歳でも雇ってくれる。リフレだと直接対面するから、どうしても肌の質感とかで実年齢がバレる。でも見学はミラー越しだから、エフェクトが掛かるというか、肌の質感とかも誤魔化せるから。若ければ若いほど需要があるＪＫビジネスだけど、見学店は唯一、アラサーでも働ける。いくつまで続けるつもり？　あー、幼い頃は『ケーキ屋さん』とか可愛らしい夢があったけど、いまは特にない。この仕事がしたいとかないから、とりあえず結婚ができればいい。でも、いまは彼氏がいるけど……って感じ。その彼氏と結婚したいわけじゃない。だから、見学店がなくならない限りは居座り続けるつもり。もちろん居酒屋とか、カフェとかフツーのバイトはしたこともある。でもウエイトレスに比べ、こんなにラクで稼げる商売はないから」

ミズキの同級生たちは大学卒業後、そのままＯＬになった。なかには名だたる一流企業に就職したコもいると言う。いまはミズキの方が稼いでいるかもしれないが三〇代、四〇代になれば一千万稼ぐ同級生も出てくることだろう。将来的には就職組の方が生涯賃金が高いしそれに、社会保障も充実している。

風俗は「時間の前借り」の代償として高給が得られているのに過ぎない。例外はあるが、一般的には年齢を重ねる度に実入りが減っていく。もちろん保障もない。

「だから、見学店で通用しなくなる前までに結婚できればいい。できなかったら、まあ、考えるよ。婚活サイトにでも登録して意地でも結婚する」

ミズキはギャル雑誌の読者モデルをしていてもおかしくない容姿で、まだまだルックス的なハッタリは通用する。それに客のツボを心得たパフォをする能力もある。だから「見学店はオイシイ」とほくそ笑んだ。

現在、見学店は両手で数えられるほどしか生き残っていない。しかし少ないながらもマニアの心を捉え、常に満室状態の店もある。鑑賞するだけの見学店がなぜ支持を集めるのか。その人気は女のコの質とパフォの過激さにある。覗き趣味。現実世界ではできないその性癖を見学店で満たしているのである。

「パフォを『がっつりやって欲しい』というお客さんと、むしろ自分で下から（パンツを）覗き込みたいから『立ったまま動かないで欲しい』、というお客さんもいる。痴漢や覗きは現実世界ではできないこと。なかには、ブラジャーを着けてくる女装癖のあるお客さんもいて、ちょっとマニアックな層にウケてるんだと思う。変態願望を擬似体験させてくれる場所として。自分の痴態を『見て欲しい』人も多い。『三〇歳の素人童貞です。見下した目で見てください』なんてホワイトボードにリクエストを書き込んだり。自分の『精子が出る瞬間を見て欲しい』という指示は多くて、それはフツーに見てあげられるんだけど、（精子を）紙コップに出して、いきなり飲んだ人がいて、マジで引いた。まあ直接見てるワケじゃないから、悲鳴をあげるってほどではないけど、心の中で『ヤバっ！』、みたいな」

そんな変態たちを尻目に、こんな会話が交わされているという。

〈三番の部屋の客、マジでヤバかったんだけど。他に誰か指名されてないの？〉

〈精子飲むヤツでしょ？　あいつ、マジでヤバいよね〉

パフォ後に女のコ同士で嘲笑うのだ。

「キモ客だけじゃなく、思わず笑っちゃう系の変態さんも。面白かった客は、スーツを脱いで全裸になったら、クリスマスツリーの電飾みたいにカラダ全体にＬＥＤが巻きつけられてあって。もう全身ピッカピッカで」

＊＊＊

見学店が生き残っているのは、決して闇営業しているからではない。ストリップまがいのオナニー・ショーはあってもミラーを隔てている見学店は、風俗関連業のどの分類にも属さないのだ。店を構えること自体が宣伝になる店舗型性風俗店の開業は、新たに金脈を探す経営者たちの悲願であった。

だが一八歳以上であっても過激化したことなどで当局は二〇一五年九月、秋葉原の見学店『すた☆ぷろ』を摘発した。

当時の流れに逆行したこの摘発劇はＪＫビジネス業界を震撼させた。見学店はこれまで、「一八歳以上でヌキがなければ何もやってもＯＫ」という解釈のもとに過激なサービスが提供されていた。これまで児童福祉法違反での摘発はあったが、同法では一八歳以下しか適用できない。それを苦々しく思っていた当局は、見学店の形態が〝見せ物〟にあたると新たに興行場法で網を張り、過激化する現状に〝待った〟をかけたのである。

これでひとまず、マジックミラー商売は一掃されるかにみえた。ところが、これまで荒稼ぎしていた経営者たちは、この興行場法を逆手に取った抜け道を探し当てた。ならば興行場法を取得してしまえばいい。警察を嘲笑うかのように消防と保健所に揉み手をして擦り寄るという発想だった。

翌年一月、大阪・日本橋で日本初の合法見学店『ラブライフ』を開業した経営者の男がその経緯を話す。

「興行場法の許可を申請し、消防と保健所の検査を通過させるだけです。しかし各自治体によって興行場法の解釈が異なり、許可が下りる区や市もあれば、そうでない場合もありました。問題とされるのは主に建築構造。ビルの建築構造上、避難経路となる階段の高さなど細かい基準があり、それが各自治体によって解釈が違った」

解釈でまごつくなか、自治体からは興行場法に適合した「ビルを建てれば早い」と提言される始末。もちろんそんなカネはない。基本的には映画館などのための許可なので、見学クラブのような小規模の興行はそもそも相手にされていなかったのだ。

「だからライブハウスしかり、飲食店の許可などグレーゾーンで営業しているところが多いのです。開業資金は通常の見学店で三〇〇万ほど。防火、防炎のカーテンや火災報知器、非常灯、換気設備など消防関係の設備ほか、トイレや手洗い場など衛生面に関する保健所管轄の設備にも多少、時間とお金がかかる。まあ設備問題はお金で解決できましたが、物件の取得には苦労しました。マンションの一室ではなくテナントである必要があり、テナントであっても興行場法に適合する物件の少なさと、あっても怪しい商売をやらせてくれるオーナーさんがいないという問題もありました」

経営者の男は諸問題と格闘した末に見事、見学店を開くことに成功した。当局は、一応は合法の判断を下したのだ。これまで静観していた経営者は好都合とばかりに後に続いた。爆発的には増えなかったが、ジャンルが確立されたことでマニアに認知された。

しかし合法店とはいえ、摘発される可能性は捨てきれない。経営者の男は、そのやきもきを解消するため警察に確認した。

「基本的にはよろしくないと思っているようでした。ただし、女のコに触れてもいないという見方をしていた。客と女のコの接触もなく、また連絡のやり取りもないという状況で、一方的に見てるだけなら、『まあ仕方がないかな』ということでしょう。もちろん過激なパフォーマンスは、店の指導ではなく、女のコが自ら指名欲しさにやっている前提でのことですけど」

ちなみに、風営法ではないのでアンダーの雇用の規制はないが、警察の指導により自主規制しているという。

＊＊＊

ミズキは、現在、都内の私立大学で女子大生をしている。会社員の父、専業主婦の母、兄の四人で関東圏のベッドタウンで暮らし、「裕福ではないけどフツーに貧しい家庭でもない」と言う。末っ子の彼女は、幼い頃から親の寵愛を一身に受けながら育った。リスカや性的虐待などの過去もないらしい。勉強はオール四程度の成績だった。だからといって地味な高校生活を送っていたわけでもなく、ヤンキーに憧れて適度に夜遊びもしていたクチだ。

大学にはストレートで合格した。女子大生になってからは人並みにクラブ通いもしたし、サークル仲間と歌舞伎町で飲み歩いたりもした。

まったく絵に描いたようなイマドキの女子大生像である。見学店で働いてはいるが、中身はどこにでもいる普通の女のコだ。片親でも毒親でもない環境で育つと、リフレで裏オプするのではなく見学店に行き着くのだろうか。

「どうだろうね。まあ言えるのは、自ら探してというより友達経由で入ってくるコが多い。周りのバンギャやジャニオタのコたちを見てると。私は軽いバンギャ。追っかけしてるコが多いから、店でバンギャの交友関係が広がったりもするから、境遇が一緒で居心地がいいのかもしれない。そういうオタク活動をしてるコにとっては、コンビニのバイトとかでシフトに縛られたくないし、日払いが良かったりする。だから、オタク活動を最優先にしてるコが集まりやすいとは思う。私は、どのジャンルも覗いてみたけど、そこまでハマる感じじゃなかった。ほら、飽きっぽい性格だから。

アラサーのお局様たちはアニメオタクやレイヤーが多い。好きなアニメのグッズにお金を使ってたり、コスプレの衣装代を稼いでいたり。フツーの仕事と掛け持ちしているコもいれば、見学店一本のコもいて、『そこそこお金がもらえるし、ラクだし』みたいな感じで続けてるコが多いかな。

現役時代に見学店の存在を知ってたら？　うん、絶対に働いてましたね。例え当時からパフォがあっても、客に触れないから、『別にいいかな』ってなったと思う。実は、ちょっと潔癖症な面があるんで。知らない人とか、体臭がクサい人とかは顔に出ちゃうタイプなんで。

下着や擬似オナニーを人に見せることは、性行為に比べればそれほど重要じゃない。それがオッパイでもアソコでも、見られるぐらいなら。でも、盗撮されて、ネットで拡散されるとかは、最低。触れられるより最悪なこと」

さしたる苦労も挫折もなくミズキは、カネと慣れの果てにオナニー・ショーに行き着いた。

「だから見た目がそれっぽく見えるうちは見学店にしがみつきたい。客を本物のＪＫだと騙せるうちは」

「結婚は何歳までにしたいの？」

「えー、できれば何歳でもいい。でも、まだ男遊びがしたいから、結婚して縛られたくないよ、いまは」

「結婚したら専業主婦になるわけ？」

「そうです」

「要は、働きたくないってことでしょ」

「あっ、そうですね。働きたくないんです。ラクしてそこそこの生活ができればいいんです、私」

大人に騙され、ともすれば無理やり働かされているという報道に毒された者たちに、見学店を金儲けの手段と言い切るミズキの言葉はどう響くだろうか。狂った行動かもしれないが、ミズキからすれば「オバサンが裏オプなしでラクに稼ぐ」手段でしかない。

そしてミラー越しに〝してやったり〟とせせら笑う裏の顔が、ミズキを現役ＪＫだと信じて足繁く通う好事家たちの耳に届くことも、永遠にない。

第七章 ゲーム

「飽きたら本番する」(ケイ 二〇歳)

ケイは高校在学中、一八歳になったと同時に池袋の派遣型リフレ『A』に潜り込んだ。店には、「高校は中退した」と嘘をついた。

「キッカケは、すでにリフレで働いていた年上の友達の紹介です。週三の勤務で、平均すると日に五万くらい持って帰れます。月にしたら五〇万くらいですかね」

自動車関係の仕事をする父と、事務のパートをする母。社会人の兄と高校生の弟との五人で関東近郊の一軒家で暮らす。母親とは小三から、母親が職場の上司と浮気したことが原因で別居暮らしが続いたが、それも高一で解消され、いまは幸せな家庭だ。これだけ聞けば、取り立ててケイの話を聞く価値はない。稼ぎも境遇も、これまで取材してきた、どこにでもいそうな「裏オプ上等」のリフレ嬢そのものだ。

しかしながら、ケイは性行為の対価としてカネを得ることが当たり前になっている派遣型リフレで働きながら、裏オプを一切せずにこれだけの大金を稼いでいた。

「『アイドル売り』というか、『このコに会いたい』と仕向けるというか。極端に言えば、エッチしたいなら『フーゾクに行け』って話じゃないですか。だから私は、アイドルのように、本当の彼女のように勘違いさせることで客を釣っています」

自分をアイドルと位置づけ、疑似恋愛を仕掛けてオヤジに満足感を与え、その対価としてカネをもらっている。と言えば聞こえはいいが、要は恋心を操り客を騙す知能犯だ。

「カップルだからといって会うたびにエッチするわけじゃないですよね。だから裏オプじゃないギリギリのラインで、ハグとかのイチャイチャだけで頑張ってます」

ケイは可愛い部類ではあるが、タレントやモデルに比べれば顔もスタイルも劣る。が、そんな素人っぽさが好事家たちを虜にした。ウリなどせずとも、客を惚れさせさえすれば丸儲け。この単純明快なビジネスモデルを武器に、ケイは客からカネを巻き上げた。

派遣型リフレ＝裏オプ、が染み込んだ頭には、変わった存在にしか思えない。ケイはなぜ、他のリフレ嬢と同様に裏オプをしないのか。本番した方がよほど稼げるはずだ。

だが、そこには「裏オプをしない」ことに対するポリシーなど微塵もなかった。あるのは遊びだけだった。

細身でタッパもあるモデル体型に、女子アナ風の清楚な出で立ち。性風俗店にはいそうにないし、リフレ嬢にも似つかわしくない。となれば、疑問に思うのは、なぜケイが

ＪＫビジネスにいるのかだ。見た目も行動も小悪魔的であり、キャバクラでオヤジをたぶらかしている方がお似合いな気がする。

しかし、ケイが選択したのはリフレ嬢だった。さほどにＪＫビジネスは若い世代に認知されているということか。

「ＪＫビジネスを知ったのは、いつ頃？」

「高一だったと思う。アンダーの友達がやってて、その頃の私はアキバでメイドカフェで働いていたんですけど。当時の私はメイドカフェで人気嬢になることに一生懸命で、だから、まあ、（摘発とかが）怖いし一八歳になってからでいいかなって。バイト経験は、メイドの前は居酒屋で働いていて、後にメイドと掛け持ちするようになった。高二からはメイド一本になりました」

「メイドは稼げた？」

「いや、全然ですよ。居酒屋と同じくらいで。時給に換算すれば一五〇〇円。週三入って七〜八万とかだった」

「それで、なぜメイド喫茶からリフレへ？」

「既に『A』で働いている友達がいて、そのコが稼いでいるのを知って。私もリフレに興味があったので、新一八歳になったタイミングで入ろうかなって。それで後に紹介してもらった感じですね。ちなみにその友達は現役じゃなく、ハタチ」

ハタチの友達は、週末の書き入れ時ともなると日に一〇万以上を稼ぎ出していた。そんな彼女を尻目に「より若い私なら裏オプしなくてもいけるかな」と思ったそうだ。ケイは、派遣型のリフレがどういうシステムで、どう稼ぐのかを理解していたのだろうか。

「はい、なんとなく……えっと、その友達からは店舗型より『危ないけど稼げるよ』とだけは聞いていて。まあ、地元の遊び友達のコミュニティーにはＪＫビジネスに携わったことがあるコが割と多かったので、ザックリとしたプレイ内容とかは知ってたんですけど。あと店舗型はやることが限られてるし、仕切り版だけで完全個室じゃないから会話や声とかも周囲に聞こえちゃうわけだから、そういう面で『自分を守りたいなら』みたいな感じで派遣型の方が『お客さんと一対一になれるからいいよ』と言われました」

その友達が言う「自分を守りたいなら」とは、恐らく裏オプのことを指しているのだろう。セックスが、ラブホテルなどの密室でのプレイになる派遣型なら人知れずできるというわけだ。レイプや殺人……そんなリスクも想定される派遣型だが、彼女らの価値観では、裏オプしてることが同僚や店長にバレないことの方が優先されるのである。

その真意は、次の質問と答えに集約されていた。

「みんな裏オプして稼いでいることも知っていた？」

「もちろんです。それは分かっていました」


ケイは週三日、一六時から二二時まで店に出る。接客する人数は、少ない日で二人、多い日で五〜六人。繰り返すが、稼ぎは月に五〇万ほどだ。これはケイを紹介してくれた店長も認めることだが、リフレ嬢の稼ぎとしては決して多い数字ではない。本番してその倍は稼ぐ嬢も珍しくない。

しかし、あくまでケイの狙いは裏オプせずに稼ぐことだ。

「本番はもちろん、手コキやフェラも絶対しないわけ？」

「はい、もちろん。手を繋いだり、ハグしたり。キスはたまにするけど、いつも来てくれる常連さんで、それも舌を絡ませたりはせず、ありがとうの意味を込めて軽く『チュッ』みたいな」

「それはオプション料金をもらわずに？」

「いや、もらってます。初めての人からは『ハグ二千円』『逆マッサージ五千円』くらいを。でも常連さんからは、『はい、今日のお小遣い』みたいな感じで、一万円くらいをコミコミの料金として」

このあたりの交渉術は、客の懐具合や姿勢を見て行う。信頼関係が築けていれば全部ひっくるめて一万円だが、「ハグ」など安めのオプションを入れてなし崩し的に触ろうとしてくる客には「逆マッサージは五千円」だと明確に料金を提示する。何気ないことかもしれないが、ひとたび客を怒らせてしまったらレイプなどに発展しかねない。裏では非常に気を使う攻防戦が繰り広げられているのである。

「自らするのはフレンチキスが限界だけど、客にカラダを触られる逆マッサージはありなんだ」

「ありですね。触るのはＯＫだけど、下着は脱がない」

「マイクロビキニなどの布の面積が小さい過激なコスチュームも？」

「はい、やってないです」

そうして客とイチャイチャするだけで万札を手にした。しかし、その交渉をしている過程で客は、当然のように性行為を求めてくる。

『本番できるの?』と聞かれる。それで私は『やってないんです』と答える。そこで『ああ、そうなんだ』で終わる人もいれば、『(本番以外)なら何ができるの?』と返してくる人もいる。そしたら『私は裏オプしてないんで、簡単なリフレしかできないんです』と。すると、『お話し』で時間がほぼ終わっちゃいますね」

「それで客は納得する?」

「してくれる人はしてくれますね。歴半年になるんですが、指名客もいますし、トップではないですがお店の人気ランキングにも入っています」

ケイの錬金術は、素人感を武器に客を惚れさせ、性行為など一切しなくカネを引き出すことである。こうして要約してしまえば、ともて簡単なことのように思えてしまう。しかし、話を聞けば聞くほど、そう単純ではないことが見えてきた。

「もうキャバクラ感覚で会いに来ているってことね」

「そうですね。『ケイちゃんに会いたいから』って感じですね」

「そういうオジサマに対してどう思っているの?」

「……コレ、ぶっちゃけていいやつですか。アハハ、『何やってんだろうな』って思う。何でこんなのにお金使ってんだろう、『バカだなぁ』って思いますよ」

「騙しているって感覚はあるの?」

「ある」

「つまり色恋営業というか、顔とスキンシップだけで売ってるわけだ」

「そうですね。あとはコミュニケーション」

「そのコミュニケーションに、何か特別なテクニックがあるの?」

『ほんとー!』『すごーい!』『そうなんだぁ』『知らなかったぁ』『じゃあ今度、食べに連れてって』と、相手が喜ぶように受け答えするだけ。特別なことじゃないかもだけど、二年間のメイド経験で会話に関してはスキルを磨いたので。もちろん食事もお店を通して、『お散歩コース』としてお金をもらって。例えば『食べ物は何が好き?』みたいな会話になって、私が『シフォンケーキが好き』って言いますよね。すると『池袋なら椿屋があるよ』『えっ、行きたい。今度お散歩で行こうよ。約束!』みたいな。別にお客さんと行きたくないし、それにシフォンケーキは好きだけど、別に椿屋じゃなくてもいい。ただお散歩コースになると、椿屋にオジサンと一緒に行くだけで五千円(六〇分)もらえるんですよ。その積み重ねで稼いでる感じですね」

味をしめたケイは、そのオヤジを騙す行為を楽しんだ。

〈あっ、この人引っかかった！〉

ケイは、大人を手玉に取る度にそう心の中でガッツポーズをするのである。

騙し込めているうちはまだいい。が、通えば通うほど、ケイにのめり込めばのめり込むほど客たちが要求をエスカレートさせるのは当然だ。

「『会いたい』メールが多くなったり、店終わりに後をつけられたり。どんな接客業でもあることだと思うけどストーカー……、いまで言う『ガチ恋』化してくるんですよ」

連絡手段はツイッターのＤＭだけに限定して極力、客とのプライベートでの接触を避けた。だが客は、ケイが色恋営業を仕掛けているせいか、いずれ凶暴化するというのが彼女の見解だ。どうして店を通してでしか会えないのか、付き合っているのなら家にも行きたいと詰め寄られたら、それが潮時だと言う。

そのため、ケイは客が凶暴化するまでが勝負だと考える。逆に言えば、どう凶暴化させぬようカネを引っ張るか。そうして延命策を講じるのが鍵なのだ。そしてその兆候が見られると、例え大金を落としてくれていた上客であっても早々に切った。

「だから危ない目にあったことはほとんどないです。でも一度だけ、押し倒されて無理矢理やられそうになった。二〇代前半の大学生だったんですけど、レンタルルームのベッドの上で『裏オプはやってない』と言ったら、『本番できるんだと思ってた』と言われ、力づくで……。でも、それに怯まず『そういうのガチでやってないんで。店に連絡しますよ！』と言ってケータイを掴んだら、やめてくれました」

本番せずにリフレで成功するくらいだから、接客技術に長けていることは疑う余地がない。しかしキャバクラで働く考えは毛頭ない。

「いやぁ、お酒が飲めない年齢ですし、ＪＫビジネスはいましかできないじゃないですかあ。一八歳のいまが一番オイシイというか、旬な時期だから、そんなに深くは考えてないですけど、とりあえずＪＫリフレやろうかなって。それに、キャバクラのワチャワチャ感というか、うるさい感じがあまり好きじゃなくて」

分かるようで分からない。

「ぶっちゃけて言うと、今後は（本番を）やろうかなと思ってる。けど、いまは、私は（本番を）やらない人っていうプライドがある。だからリフレ嬢は、単にゲーム感覚でやってる。（本番を）やらないでどこまで人気嬢になれるかっていう。一回にくれるお小遣いは…多い人で五万。五万くれる人は、会社経営者とかのオジサマです。お金だけじゃなくて、服やバッグを買ってもらったりと物でもらう場合もあります。

別にお金が凄く欲しいわけじゃなくて……いや違うかも。何だろう……欲しいよ。お金は大好きだしそれに、預金通帳に記帳される数字だけを信用して生きているので。でも私は、ホストにハマっているワケでも、ジャニーズの追っかけしてるわけでもないから。だからお金を使うことと言えば、いまは服とか、ネイルとかの美容系とか、あとはゲームかな。私、基本は引きこもりなんで、休みの日はずっと家でゲームしてる。どんな？　うーん、プレステの、オンラインで人を殺し合うゲーム。他に趣味がないから、お金が貯まっていく一方なんですよ。周りの、誰かに貢いでるコたちみたいに『この日までに何一〇万欲しい』みたいな目標がないから、フツーにご飯食べれて、家賃が払えて、服とゲームが買えればいいかなって。今の感じでオヤジを騙して月に五〇万くらい入ってくれば」

カネへの執着心が薄いのか。だがこれまで、カネ以外の理由で裏オプをする少女などひとりもいなかった。承認欲求を求める場合もあるが、そこには必ずといっていいほどカネも含まれていた。

客を財布としてしか見ていない点に限っていえば、裏オプをするコとしないコの行動に違いはない。相反するのは「いまは裏オプしない」という自分ルールだけだ。

目的のないままカネを増やすケイがリフレ嬢を続ける理由は、彼女が言う「ゲーム」というフレーズがピッタリだった。彼女はオヤジのカネをどこまで取れるかの遊びをしているのである。

「本番して稼いでるコに対しては、どう思う?」

「えっ、別に良いと思います。むしろ、(派遣型リフレは)それが当たり前の業界だから。派遣型リフレ=本番できる、裏オプできるというのが、この業界の暗黙の了解だから」

「『ダサい』とか思わないの? 『私、本番しなくても稼げてますけどぉ』って」

「それは全く思わないというか、意識的に思わないようにしてます。私が本番しないのはほんと、『やらずにどこまで客を騙せるかゲーム』をしてるだけだから」

「あくまで『オヤジのカネをどこまで取れるか』というゲームだと」

「うん。私も、ゲームに飽きたら絶対に裏オプするから。やっぱり、このまま派遣型リフレにいたらやらざるを得なくなってくると思うから。表向き仲良くしてくれてる同僚も、『裏オプしないんだったら店舗型行けよ』って思ってるはず。それはド正論だと思うから」

ケイが手玉に取らなければならないのは、ガチ恋する客だけではなかった。本番が常態化する派遣リフレ業界で生きるからには、同僚たちの目にこそ注意を払わなければいけない。それを怠れば、同僚たちの反感にあい店長に告げ口されて、いずれ身を引かされるハメになるのである。

それはある意味、客の対処より重要なこと。ゲームを続けるためには恨みを買ってはいけない。裏オプする少女たちを卑下するような態度を取ってはいけない。だっていずれ、私も本番するんだから。

呪文のように唱えて自分に言い聞かせた。


ケイは本当に稼げなくなったら本番するのだろうか。僕の目には、ただヒマを潰しているだけにも見えるのだが。

「稼げなくなったらじゃなくて、ゲームに飽きたら本番する」

答えは一貫していた。決して周りに流されたり、ましてや現ナマに目が眩んで血が沸き立つことはない、と。

「本番の抵抗はないの?」

「あっ、それはないです、全く。やっぱりあった方がいいですか?」

初体験は一五歳、高一。経験人数は三人。ひとりが彼氏で、残りのふたりは彼氏じゃないらしい。そんな、ごくごく一般的に思える性経験のケイは、本番への抵抗もなければ、「誰とでもセックスできる」と断言した。

そして「あった方がいいですか?」と逆質問してきたケイの心理を探るべく、本当に誰とでもセックスできるのかと聞いた。

「できますね。だってリフレで働いていれば、イチャイチャしているし、逆リフレで触られてるし、セックスなんてあとは入れるだけじゃないですか。もちろん最初は抵抗がありました。リフレで働き出した一ヶ月くらいは、絶対に『裏オプしない』と心に誓ってました。だけど、この環境に慣れ過ぎちゃって。凄く仲良いお客さんとは全裸で混浴しちゃってるから」

当初はフレンチキスまでという触れ込みだったが、慣れからブレーキも少し壊れかけているようだった。全裸で混浴まで許せば、あとは入れるだけなことは重々と承知している。その上で、裏オプしない、セックスしないのは、何が歯止めになっているのか。

「単純に『裏オプしないよ』っていう意地だけ。その特別な常連さんとは、風呂とお触りだけで一万もらってる」

「寸止めされる客は?」

「自分でやってますね」

「それを見てどう思うの?」

「あぁ、やってんなーって。(精子を)お腹に出したいって言われることもあって、汚れるから嫌だけど、常連さんには特別に許してる。で、出たら『お金だー』って」

「楽しい?」

「かなりヒネくれてるのはわかってます。でも楽しくやってますよ。毎日が楽しいですよ」

「オヤジ狩りが?」

僕がちょっと悪意を持って質問するも、無邪気にケイは返答するだけだ。

「うん、楽しい。出勤したくないし、できればずっと家で寝てたりゲームしたりしてたいけど、お金が好きだから、『楽しくお金を稼ごうキャンペーン中。イエーイ!』みたいな。裏オプだらけの派遣型リフレで、いつまでオヤジを騙して裏オプせずに生き残れるか、みたいな」

ケイはJKビジネスにはこだわっていないようだった。それが正解なのかと僕は尋ねた。

「ぶっちゃけ言えば。メイドに飽きちゃって。それでいまのマイブームがリフレなだけであって。あとは、友達が働いているのも大きいですね」

ゲーム感覚でこの業界に巣食うケイの存在はいい迷惑に違いない。

〈ラクして稼いでるんじゃやねえ！〉

そんな同僚たちの怒りが聞こえてきそうだが、ケイからすれば「本番するならフーゾクに行けよ」となる。「なんでＪＫビジネスにいるの？」と。


「将来的に本番を解禁したら性風俗の世界へ行くの？」

「あまり乗り気じゃない。うーん、って感じ。理由？　フーゾクよりリフレで人気になって本番した方が絶対に稼げるのが分かってるから。みんな『稼げる』って分かってるから裏オプしてるんだなって思ってる。だから私みたいに裏オプしてないコの稼ぎが少ないのも、事実。でも、単純に『私は裏オプしてないです』と言ってバリアを張ったら、そのお客さんとは終わりだから、裏オプなしで『どこまでお金を引っ張れるか』というゲームをしてるんです」

「そのゲームが、いまは上手く転がっている？」

「そうですね、なんとか。オジサマたちや、ガチ恋してくれる同世代にも良くしてもらってるので」

「ガチ恋って、お散歩してご飯食べて終わりでしょ？」

「うん。リフレに客で来た時点で付き合うことは絶対にない。そりゃ顔面が良かったら、星野源とか嵐の二宮クンみたいな塩顔が来たらアリだけど、そういう人ってリフレに来ないから」

「客を騙しておきながら平然としていられるのなら、悩んで病むこともなさそうだね」

「ああ、リスカしてるリフレ嬢みたいには病まないですね。嫌な客に着いても一日経てば忘れる。あー、疲れた……『みんな死ねよ、バンバンバン！（と、レンタルルームの壁を叩く）』とか、帰りの電車で『オッサン、タダで私の肩に触れてんじゃねーよ。カネ払えよ！』ってメチャ理不尽なことを思うけど、家に帰って、ゲームして、おいしいご飯食べて寝たら治る」

嫌な客に当たっても、自暴自棄になるまでには至らない。日付が変わればリセットされると言う。客は真剣でも、ケイにとってはあくまでゲーム。コトが上手く運ばず物に当たることはあっても、自殺願望など絶対に芽生えないらしい。

「本番した方が楽だよね」

「うん。ぶっちゃけそうだと思う」

「繰り返しになるけど、なぜラクな本番しないの?」

「ゲーム……それに、やっぱりＪＫリフレ嬢としてのプライドも少しある。だって、元々は裏オプってなかったですよね?」


確かに裏オプは、二〇一三年頃まではその概念すらなかった時代が続いた。アキバのメイド文化の派生として生まれたＪＫビジネスは、当初からハグや添い寝などアンダーとのカラダの接触をウリにしたかなり底の浅いビジネスであるだけに、摘発されても稼ぎの部分が周知されるだけで、それを羨む声は上がっても、経営者やリフレ嬢の倫理を説くような人間は業界にはいない。

そしてこれまで踏みとどまっていた少女は、大人にせがまれ一線を越えた。またその逆も然り。そのツケは、いまのように裏オプが常態化する形で現れている。

ところが部外者は、少女たちが一線を越えた背景について驚くほど知識を持たない。結局、大人が無理やりカネで買い叩いているんじゃないの、というのが正直なところだ。

だから裏オプに対して、買う側、カネを払う大人が悪いという風潮が蔓延している。もちろんそれが道理であることは間違いない。しかし、ケイのように本番をしない少女を知れば、大人だけが悪いとも思えなくなる。

この論理は業者側にも当てはまる。裏オプに合わせた業態を作らざるを得なくなり、例え危ない稼業と分かっていたとしても儲けを優先。ただでさえ、不況で客入りが減りがちなこのご時世では、目先のカネが死活問題なのである。


「そのゲームに飽きたら、いくらで本番を解禁するの？」

「相場の三万とか、取れるなら五万とか。ゴムは絶対。飲んだり顔射したり？　それこそリフレのメリットで相手を選んで。不潔じゃないとか、くさくないとか」

既に本番しているリフレ嬢同様、リフレのメリットを熟知したかのようにそう曖昧に返した。

ケイがゲームを続けられるのには、同僚よりカワイイことが大前提だ。客が惚れさえすればカネが入る――。これぞリフレの醍醐味なのかと、「自分のことをカワイイと思う？」

という質問に置き換えた。

「うーん、思う」

「昔からモテた?」

「ううん。中学の頃はデブだったんですよ。で、頑張って痩せて、『カワイくなったな』って思います」

「つまり顔は良いって自覚はあったんだね」

「そう自覚したのは高校生になって、ダイエットして、多少はモテるようになったから」

「モテるようになり、自分は貢ぐのではなく、貢がれる側の人間だと思った?」

「あっ、そう、うん。年上とかオジサマからは、特に。メイドカフェで働き始めて、同僚のコたちを見て、『あっ、私の顔面偏差値は高いのかもしれない』って」

リフレ業界は、性風俗のように、学歴や手に職がない女性が最後にすがるセーフティネットの側面はない。顔面偏差値が高いコが、フーゾクよりカラダを高く売れる場所だと、ケイは美人に生まれた自分を誇示するかのように強い口調で言った。

「将来は美容系の仕事をしたい」というが、夢があってカネにも執着していないならきっぱりとヤメればいいと思うが、リフレは一度足を踏み入れたが最後、抜けられなくなるほど魅力的な業界だと言う。

「だって本番しなくても月に四〇万も稼げるんですよ。それに本番したらもっと稼げるんですよ。裏オプだって、一回やったらもう、ずっとやると思います。一回やったら一〇回も、一〇〇回も変わらないと思うから。ただ、それをしてないだけ。そのあるかないか分からないようなハードルを越えてないだけ」

裏オプするもしないも、特に意味はない。ゲームに飽きたらカラダを売るだけ――そこには本番への抵抗もなければ、捨て鉢な気分もない。

第八章 摘発

「逮捕されてもヤメない」(アカリ 一七歳)

二〇一八年三月、都内の無店舗型のJK散歩店『新宿ピュア2』が摘発された。警視庁少年育成課は、過去の事例に慣い児童福祉法違反の疑いで経営者の男を逮捕した。逮捕容疑は、少女が一八歳未満と知りながら、新宿区のホテルで客の会社員の男性とわいせつな行為をさせたことだった。男は「性的サービスはさせていない」などと容疑を否認したという。

さらに警察は、働く少女も将来罪を犯す恐れのある「虞犯《ぐはん》少年」として家裁送致した。少女は同店での勤務以前にも、警視庁が摘発した都内のJKビジネス店計四店舗に勤務。少女は五店舗で約五〇〇万円の報酬を得ており、摘発の度に店に出入りしないよう指導したが、応じなかったため送致した。少女は「服や化粧品の購入のためや、ホストクラブで遊ぶお金がほしかった」などと話したという。

これはJKビジネスを取り巻く現状に、非常に大きな影響を与えるものだと言える。警察は、悪い大人の手引きにより、貧困や虐待という劣悪な環境で育った少女の終着点に裏オプがあるという風潮にNOを突きつけたことになるからだ。

「店に向かっている途中でした。夜七時頃、電車に乗っていたら、池袋の系列店のコから『摘発されたから行かない方がいいよ』ってラインが来たんです」

新宿歌舞伎町の喫茶店で話を聞いたアカリはＪＫビジネス店の摘発に遭遇した。働いていた店は、歌舞伎町のＪＫコミュ『制服相席屋』だった。

先に書いた、摘発された制服相席屋は「出会い系喫茶」とみなされ風営法違反が適用された。「出会い系喫茶」は無許可で営業できないし当然、一八歳未満も働くことはできない。同店の系列店で働いていたハタチの少女がＪＫコミュの内情を明かす。

「面接では、いきなり『ウチは裏オプがフツーにある店だよ』と言われました。その時、服の上から触るなら三千円、直接触るなら五千円と、裏オプの相場を聞かされて……驚きました。私も裏オプには抵抗がなかったけど、過去の経験上、店長は関知してないことにしている店がほとんどだったから。在籍しているコは、見るからに私より若いコばかり。みんな一五～一七歳の現役ＪＫばかりなので、私も一八歳と偽って働くことになりました」

店長の説明によれば、三〇分四千円のプレイ代はすべて店側の取り分。女のコが手にするのは、客が追加で支払う、一人につき千円のトーク料だけだ。自然、女のコは裏オプで稼ぐしかなくなる。もちろん、少女もそれを理解し自ら稼ぎにきている。

「『みんな一万五千円〜二万円くらいだけど、いくらでやる？』と聞かれました。本当は三万円って言いたかったけど、現役のコたちが半値でやってるのにハタチの私がその倍は欲しいとは言えませんでした。新人のコを狙い、『みんな一万円でやってるよ』と言っては割安で本番しようとするお客さんもいるので、私がちゃんと断れるようにって相場を教えてくれたみたいです」

アカリは一六歳の夏、友達の紹介で制服相席屋に流れ着いた。男性経験がなかったので始めの数日こそハグや添い寝など軽い裏オプに止めていたが、行為は次第にエスカレート。摘発時には、手コキやフェラで月三〇万ほどを手にしていた。

制服相席屋の店内は、六つの小部屋と大きな待機部屋がある作り。うち三部屋が稼働していて、待機部屋には一〇人くらいアンダーがいた。同僚から訊いた摘発時の様子をアカリが続ける。

「警察官がダダっと入ってきて。直後に『動かないで！』と制止され、その状況を写真に撮られた後、警察に連行されて。女のコはみんな『泣いてた』って言っていました。それで学校には連絡されなかったけど、みんな親には連絡が行って、迎えに来るまで帰れない、みたいな」

アカリのように現場に居合わせていなかった少女への事情聴取はされなかったのか。

「もちろん私の親にも警察から連絡が来ました。それで親と警察に行って、『普段は親にどんなことで怒られるか』とか、『お小遣いはいくらもらってるか』とか、『お金を何に使ってるか』とか、家庭環境やバイト内容を根掘り葉掘り聞かれて。最後に、『もうＪＫビジネスに関わりません』という誓約書にサインをさせられた。親の手前、もちろん『裏オプとかは一切やってない』と嘘をつきました。私みたいに店にいなかったコや、いても待機中のコは『やってない』と答えたって聞いています。でも、お客さんと本番している最中のコもいて、そういうコはさすがに言い逃れできなかったみたい」

「みんなＪＫビジネスをヤメたの？」と、あえて同調するかのように優しく聞いた。もちろんその後についてもアカリは知っていた。

「いや、違う店に移籍して、親に内緒で続けているコがほとんど。もちろん、摘発が怖いから『だるいけどコンビニで働く』ってヤメたコもいるけど。みんな、もうフツーのバイトはできないって言ってます。ほら、簡単にお金が稼げることを覚えちゃったから」

なぜ親や警察に嘘までついてカラダを売りたいのか。一章でインタビューしたアコも、この制服相席屋でウリをしていたひとりだった。この摘発を「渋谷の散歩店に入る前から怖いな、とは思ってました。けど、友達と一緒だから、まあ別にいいかな。たぶん大丈夫だろうって。友達は相席屋のガサ入れのとき、その場にいました。その日は、まだ出勤したばかりで稼いでなかったけど、持ってたお金を全部取られたって。それでそのコは親にバレて、『もうＪＫビジネスはヤメようかな』って言ってました。でも単純にお金が欲しいから、もし摘発現場にいても逮捕されるわけじゃないからね。散歩店は待機所がないから大丈夫かなって」と語っている。

繰り返すが、アンダーを使って闇営業する散歩店は、摘発逃れのために待機所を持たないことが主流になっている。少女を事務所の近場のファミレスやネカフェに待機させ、客から予約が入ればそこから直接、ラブホやレンタルルームに向かわせる。「だからウチは大丈夫だよ」などと、店長から説明があるのだろうか。

ＪＫビジネス業界は、いまもなお警察と悪徳業者とのイタチごっこが続いている。摘発されれば、また新たな店が生まれる。裏オプしたい少女たちは、そこに我先にとばかりに口コミで集まってくる。そんなサイクルが続いているのである。

アカリも摘発後、都内の散歩店へ移籍した。これまで「狭い店内でやるのが嫌だったから一〇万円とか提示されても断っていた」という本番行為を、派遣型になりホテルへと移行したことで解禁した。アカリは、「さらに稼ぎが良くなった」とほくそ笑んだ。

制服相席屋は本番が常態化していた店だった。そんななか、なぜアカリは本番をしなかったのか。

「うーん、その頃にはもう、プライベートで彼氏でもお客さんでもない人とセックスを済ませていたんですけど、お客さんとはなかったからなんとなく抵抗があったんです。それでお散歩店でやってみたら、『あっ、大丈夫かも』って」

「その頃は、まだ好きな人としかセックスしたくないと思ってたんだ」

「そういうわけじゃない。一度、何度も来てくれる常連さんに、来てくれるのは嬉しいけど、何度来てくれても『本番はやれない』と言ったら、『まあ、いいんじゃない』と言ってくれて。で、それからも通ってくれた。だから『そこまでしなくてもいいかな』って思った。本番してバンバン稼ぐほどお金も必要じゃなかった。二〇万くらいなら手や口で充分、稼げたから」

父親は飲み屋を経営、母親は介護職をしている。定時制高校に通っていたが、一年の終わりに中退した。兄弟はいない。

「理由は、授業が夜なので、友達と遊びたいしそれに、ヴィジュアル系バンドが好きなのでライブに行きたいかったから。月平均二〇万の稼ぎは、名阪ツアーの追っかけをしたり、全てヴィジュアル系に使ってた」

その資金を稼ぐために裏オプする。地元の幼馴染からの紹介でAへ。親には「JKカフェで働いている」と嘘をついている。これは、取材した少女たちの多くが口にした手口だ。しかし母親は「メイドカフェみたいな店でしょ?」と公認しているという。

が、このJKカフェが裏オプへの入り口になっている。そんな内情を知ってか知らずか、水商売をしている父親も「まあ好きにしたら」と放任した。

「ダメ親だって思ってるんでしょ? 私もそう思う。だって高校を中退したことだって何も言われなかったし。まあ、もう中学生の頃からあまり授業に出てなかったから『どうせ続かない』と言われていましたからね」

「親に怒られたことは?」

「よく『だらしない』って怒られます。部屋が汚いから『片付けなさい』とか。夜中まで起きてて、昼間まで寝てるし。あと夜遊びも、度がすぎると怒られます。外泊しても怒られないけど、三日とか連続だと」

「もっと本気で怒られたことは？」

「中学生の時ならある。親の財布からお金を盗んで、大阪にヴィジュアル系のライブに行ったことがバレて。朝四時に思い立って、三万抜いて、そのまま新幹線に乗っちゃった。そんなことが四回くらい。それだとバレるって気付いたから、三回目からは『友達とディズニーランドに行く』って嘘をついて、お小遣いをもらうようにして。それも、実際は大阪に行ってるわけで、その日に帰ってこないからバレて」

決して無関心な親というわけではない。事実、こうして生活態度を正したり軽犯罪を咎めたりすることは、アカリの意思を尊重しているとも言える。

しかしアカリは「我慢することが嫌いなんです。自分の好きなことだけをしていたいんです」と、その放任主義を利用してさらにアクセルを踏むだけだった。

「好きなことのためにやってること。周りもやってるし。でも、多分、周りがやってなかったら私もやってない。紹介してくれた幼馴染みとか、ヴィジュアルやジャニオタ友達とか。そのジャニオタのコとは、たまたまお店で友達になった。だから、自分としては、好きなことのためにカラダを売ることは悪じゃない。それに、いくら勉強してもすぐにお金になるわけじゃないから、我慢してまで学校に行きたくない」

もちろん本番することなど何とも思わないそうだが、「なぜなくなっちゃったのか」と問い詰めると、「えっ、何でだろう……」と初めてカネでオヤジとセックスした日を振り返った。

「最初は部屋が汚いし気持ち悪いって思っていたけど、ホテルでやってみたら、『割とイケるな～、思ったよりラクだな～』って感じになって。いまはフェラより本番の方がラクだと思うようになった。寝てるだけでいいし。だから自分で上（騎乗位の体勢）になって動いたりは絶対しない。ずっとマグロ」

当初は大人に抱かれることに嫌悪感を抱いていたアカリだが、ひとたび解放するとそれが単なる食わず嫌いだったことを知った。

「だから、しばらくはこのまま続けるかな。一八や一九の友達もまだ、現役時代と同じ様に裏オプしてるから、まあ、ハタチまではいけるかな、みたいな」

こうして裏オプする少女らの背景を、「親の愛情の足りなさ」や「承認欲求を満たすため」などもっともらしい理由を挙げる有識者も多いが、アカリはため息をつきながらそれを否定した。

「自己責任でやってるんだからほっといて欲しい。私は、親はもちろん、警察に怒られても態度を改めないし、別に。ＪＫビジネスで働けない年齢になったら？　うーん、私はフツーのバイトをしたことがないんです。朝起きれないし、遅刻魔だし、コンビニだって無理だったし。だから多分、フーゾクで働くんだと思います」

もっとも、アカリはカラダを売ることに限界を感じて未来像を描いたわけではない。現役ＪＫでは通用しなくなれば、それで終わり。だから性風俗の世界へ身を投じるのだろうと苦笑いを浮かべて言う。

もちろん友達が摘発に遭遇すれば葛藤が生じる。ＪＫビジネスをヤメようという考えが浮かんだこともあった。

「なんか、摘発でアンダーを雇ってくれるお店がどんどんなくなってきちゃって。その時にヤメようかなって思ったけど、友達から『ここならアンダーを雇ってくれるよ』って聞くと、やっぱ行っちゃう」

ただ、いまはツイッターや出会い系アプリで簡単にカラダを売れる時代だ。ＪＫビジネスではなくとも、売春する手段などいくらでもあるのではなかろうか。

「そういうのは（店を通さないのは）、怖い。店があった方が、安心」

「それでも密室だよね。怖くない？」

「それは慣れたから大丈夫。怖い目にあったこともないし」

そこまで覚悟の上で店の介在が必要だとは、闇営業する悪徳店を排除するのは想像以上に難しいのかもしれない。

高校を中退して、将来の夢などずっとなかった。もう物心がついた時からそうだった。もちろんいまもない。「なんかやりたいことが見つかればソッチに行くけど」と、だから「とりあえずカラダを売ってる」と言うのだ。

「いまは何も好きじゃない。稼いだカネは遊びに使ってる。友達と叙々苑に焼肉食べに行って、朝までカラオケとかして、そのままバリアン（ラブホテルの名称）に泊まる、みたいな。周りはホストやボーイズバーに使ってるコがほとんどで、よく誘われるけど、私は行かない。一回で何十万もホストにつぎ込んでるのを知って、私はそうはなりたくないなと思って。それに私には地元やジャニオタの友達がいるから、深い付き合いをする必要もないから」

カラダを売って、ホストに貢ぐ。そんなステレオタイプな転落人生を歩みたくないと、言う。しかし周りから見れば、売春しているアカリは間違いなく〝落ちている〟と映るだろう。

アカリには、自分が落ちているとの認識がある。だったらいまは貢いではないにしろ、ホストにハマるコとの違いはないのではと、僕は尋ねた。

「相席屋で一番のホスト狂いだったコに彼氏ができて、こういう仕事もヤメたから、すごいなーと思ってる。私は、セフレはいても、本当の彼氏はいなくて、こうしてダラダラと売春を続けてるから。でも羨ましいとは思ってない。ただ、単純にすごいなって思うだけで」

一体、何に対して「すごいな」と思うのか。よく分からない。

「そのコはどのお店でも人気ランキングの上位に入るような人気嬢で、『あんなに稼いでいたのに』って」

あんなに稼いでいたのに、そのカネでホスト遊びをしていつも笑顔だったのに。そんな光景を目の当たりにしたばっかりに、ヤメられない自分がいる。

「いや、他人に興味がないから、自分の置かれている境遇との比較ではなく、単純に凄いな、と思う。深い意味はない。本番なんて大したことじゃない。なぜ大人はそんなにカラダを売ることにこだわるの?」

だから他人に咎められて売春をやめることはない。また、親友が売春を始めてもそれを咎めることもないとも。

「将来、自分の娘がウリを始めたら?」

「それはさすがに止める」

「つまり悪いことをしてるって意識はあるわけね」

「うーん、ちょっと。だから親にはバレたくないかな。自分の子供がやってたら嫌だから、それと同じで自分の親も嫌なはずで、やっぱり申し訳なく思うから」

「貯金は?」

「してないです。ゼロ。お金がないから、オヤジとヤるのもダルいから、最近は家で寝てる。(本番して)稼いだお金は、ほとんどその日に使っちゃうから」

「貢ぐ先や将来の目標がないから、お金は貯めなくていいってこと?」

「そう。遊びに行く前日に出勤して、遊び代を稼いで」

「制服相席屋みたいなアンダーを雇ってくれるコミュが復活したら、また働きたい？」

「うん。みんなも相席（屋）に戻りたいって言ってる」

「店舗型で稼げるから？」

「うーん、稼げたしそれに、楽しかったから。みんな同世代で、待機所があって、そこでワイワイできたから。いま散歩にいるコは、相席屋経験者がほとんど。だから『相席は良かったよね』って話で盛り上がったりする」

「みんな裏オプしているから、全てをさらけ出せたんでしょ」

「うん。『裏オプ同盟』じゃないけど、ウリをやってる仲間意識があった」

アカリは本当に将来の目標がないようだった。もちろん僕にもアカリが今後どう生きるかなど皆目見当もつかない。口調は明るいが、その生き方はあまりにも痛々しい。

しかし、いずれにしてもアカリは行政やNPOなどの支援団体の介入はもちろん、親しい友達からの同情すらも望んでないことだけは確かに思えた。

取材を終え、二人で店を出た。そそくさと帰ろうとするアカリを呼び止め、「裏オプなんかするのはやめなさいと助け舟を出すＮＰＯなんかの支援団体についてはどう思う?」と質問した。するとアカリはあっけらかんとしてこう言い放った。

「だからさっきも言ったけど、ほっといて欲しい」

迷惑極まりないといった顔だ。

実は、僕はこれまで取材した少女たち全員に同様の質問をしていた。その答えは、ニュアンスこそ違うがアカリと同種のものだった。そう、特にＮＰＯや一般社団法人の冠でＪＫビジネスに関わる者なら、取材や支援を通じて薄々感じているはずなのだ。少女たちの主張は「いい迷惑」と一貫している。「迷惑とは思っていない少女」もいるだろうが、それはレアケースだ。だから守ってあげたいという主張は当事者に耳を傾けようとしていないのだろうと思う。自分たちの主張を押し通そうとしているか、単なる取材不足に見えてしまう。

少女らに言わせれば、私たちが売春する場所を与えてくれる大人だけが正義で、支援や問題解決を盾に近づいてくる大人は摘発して場を荒らす警察と同じ。支援団体が騒げばそれは、ＪＫビジネスの規制に繋がる。そうして少女たちは働き口を失ってきたからだ。

それは、僕のような取材者にも向けられているようにも思えた。

「取材とか解決方法を提示するとか言って、結局はアンタらもカネでしょ?」

そんな声が聞こえて来そうだ。

エピローグ　騙される大人――その後

一六歳のジュリナを盲信していた会社経営者の宮田に出会って一年が過ぎようとしていた。僕はふたりのその後を取材するため、久しぶりに携帯電話の発信ボタンを押した。

「高木さんに相談した一年後、私は現状を打破するべく警察に情報提供しました。悪い男に軟禁されながら売春させられている状況と、ジュリナの連絡先を伝え、その歌舞伎町の闇の売春組織をなんとか摘発してもらおうと動いたのです」

二〇一八年八月、宮田は電話口でそう振り返った。

宮田は、僕の他にも探偵や法曹関係者に相談したが、打開策は生まれず、ほとほと困り果てた。そこで最後の手段とばかりに、警察に通報したのだ。

「警察はジュリナに接触し、事情を聴取しました。しかしジュリナは、『そんな店で働いてないしそれに、宮田という男も知らない』と答えたと、捜査に当たった警察官から聞きました」

乱暴な口調が寂しく聞こえるのは、こちらの思い過ごしか。宮田のスマホには、軟禁されていることや助けを求める声など、ジュリナとのラインの履歴がメモリーされている。

捜査員はジュリナにそれを見せ、事実確認をした。しかしジュリナは、「これはウソです。架空の作り話をしただけです」と完全否定したという。闇の売春組織の実態を否定され、さらに宮田の存在までもなかったことにされれば、捜査がそれ以上に進むべくもない。この顛末は、僕が取材を通じて感じてきた少女たちの、「大人を騙して強かに生きる」像を色濃くした。

確かにジュリナは闇組織で売春していたのかもしれない。しかし、それは自分の意思で身を投じていただけであって、決して無理やり働かされていたわけではないのである。仮にジュリナが助けを求めていたならば、闇組織を守って宮田を売ることなどないはずなのだ。

ただ、決して誤解して欲しくないのは、JKビジネスは「少女を使った商売」なのだから、悪い大人にカラダを売ることを強要されている少女もいる、ということ。前述のように、事実、過去には少女に売春強要をし事件化したものがいくつもある。しかし時代は変わった。現在ではそれは大多数ではないのだ。

僕は黎明期に働いていた少女にも話を聞いたことがある。元祖女子高生見学クラブ「J

、

——ＫＥＮ」の、摘発後の取材だった。

「また見学店で働きたいと思う？」

僕は物が散らかったマジックミラーの内側に初めて入り、摘発されればやめるものだとしてこう質問した。しかし当時一七歳だった少女は、当然のようにこう答えた。

「ぶっちゃけ月に二〇万以上は稼げたからマジでおいしいバイトだった。また見学店で働きたいよ、できれば同じ店で」

もちろん、少女が見学店で働いたきっかけは、オーナーの藤井が器を用意したことにあった。しかし、後に取材を続けると、店があれば少女たちがカラダを売りに来るのは当然のこと、近場に店がなかったり、教えてくれる先輩や友達の手引きがなくたどり着けない情報弱者であっても、年齢を誤魔化して性風俗店に潜り込むか、個人でウリをするか、はたまた路上に立つなどして売春をしていることがわかった。それだけ日本の売春ジャンルは多岐に渡り、また、売りたい少女たちの裾野も広がっている。

そして、少女たちは摘発されても売春をやめない。

再犯率が八割を超えるという覚醒剤常習者のように悪事を繰り返す様子に、以前、〝シャブ界のドン〟としてかつて名を馳せていた男から聞いた話が頭を過ぎる。

「シャブは、誰のためにあるか。アレは、夢を失った人間の、最後の逃げ道なんだよ。借金だらけで売春婦になった人間。ヤクザ社会からもはみ出してしまった者。そんな奴らの最後の拠り所がシャブなんだ」

僕が取材した少女たちは、そのほとんどが「夢なんてない」と答えた。少し飛躍しすぎているかもしれないが、カネを麻薬と置き換えるなら、少女がカラダを売る衝動は、その置かれた環境に自分は適合しないと判断してしまい、夢がない、将来が見えない、といった不安からカネを求めるという構図が見えてくる。

だが実際のところ、少女が売春に手を染めても、麻薬のように自分の力だけでは抜け出せなくなることはない。やめようと思えばやめられる。

少女売春は依存症というよりもむしろ、麻疹《はしか》のような感染症に近いものだ。意思はハッキリしていて、是非の選択が自己の判断でできる。

麻疹《はしか》は、咳やくしゃみなどの飛沫を媒介して感染する。感染力が非常に高く、免疫を持っていない人が感染すると高確率で一定の潜伏期間を経て発症する。初期症状は風邪のように高熱と鼻水やくしゃみ。それが二~三日続き、全身に赤い発疹が現れる。しかしその後三~四日で熱は下がり、発疹も一〇日ほどで消える。

麻疹《はしか》の感染を防ぐには、予防接種を受けることはもとより、できるだけ外出を避け、人混みに近づかないなどの対策も効果的だという。予防接種は二回受けることが義務付けられている。二回受ければ、ほとんどの場合が体内に抗体ができるという。一回の予防接種の場合、時間と共に抗体が減少することもあり不十分なのだそうだ。また、二回受けても抗体は永続的に体内に存在するとは限らない。そして麻疹《はしか》が重症化すると、合併症のリスクも生じるそうだ。

「裏オプ」はこれに似ている。

予防接種を家庭環境における親との関係に置き換えるとわかりやすい。親の愛情を予防接種とすれば、愛情はないよりもあったほうが感染は低くなる。人混みに近づかないなどの予防法も、夜な夜な繁華街で遊ばせないという親の監視に置き換えられる。

だが、この予防法である家庭環境は、ふとしたことで綻ぶ。

一九歳のノゾミは寵愛を無関心と判断して親を見限り、裏オプに舵を切った。一七歳のミワは寵愛をジャニタレに求めた。周囲に感染者がいると、家庭環境に関わらず、貢ぐ相手を見つけて嘘をついてまで裏オプしてしまう。ひとたび感染すれば、熱が冷めるまで誰の意見を聞くこともない。大人に抱かれるなか、カネの魔力に溺れ、いつしか目的がカネを得ることにすり変わるという合併症を引き起こしていく。

そうして少女たちは麻疹のように裏オプを患ってきたのである。それは、時を経て大人になり、就職や性風俗業界への転身をするなど、いずれまた発症する可能性を秘めつつも治るものではある。だがこじらせた少女たちの行く末はどうなるのかと言えば、生涯この〝病〟と付き合っていくことになるわけだ。

「昔は麻薬の売買にも厳格なルールがあった。それが、どうだ。いまは何でもありじゃないか」（シャブ界のドン）

オンナや子どもには売らない。そんな不文律があったと言った。事実、男はそれを守って商売してきた。未来がある者が麻薬に頼る必要はない、というのがその理由だ。

幸か不幸か世の中には、必要悪というものがある。麻薬にも売春にも良心ある管理者がいる、というひとつの現実だ。少女らにとっては耳の痛い話かもしれないが、こうした管理者がいることでまだしも保たれてきたバランスは確かにあった。しかしいまはそれが崩壊している。

ＪＫビジネスは管理者不在だ。暴排条例が施行されたいまは仕方がないことかもしれないが、多くのＪＫビジネス店は暴力団からみかじめ料を徴収されていない。これは悪徳店が街にのさばっているひとつの要因ではあるだろう。内偵調査には約三ヶ月の時間を有すること、摘発されても刑が軽いことからすれば、警察では役不足なのだ。

ヤクザがみかじめ料を取ることを認める代わりにアンダーを使って闇営業をする店を排除できるのならどれほどいいかと思うが、暴排の強化された現状では難しいだろう。


こうして日本列島全体がいまや〝売春島〟の様相を呈している。


数日後、再び宮田から悲痛な声で電話があった。いったいどうしたというのだろう。

「実は、ジュリナと連絡が取れなくなったんですよ」

「電話に出ない?」

「そうなんです」

ふたりは携帯電話という細い糸だけで繋がっていた。しかしタレコミの一件以来、宮田が電話してもジュリナの声が聞かれることはなかった。

〈電波がない場所におられるか、電源が入っていないためかかりません〉

そうアナウンスが流れるだけ。

ジュリナが持つ携帯電話は、ふたり専用の連絡手段として宮田が買い与えたものだった。こうして宮田の恋は一方的に幕を閉じた。

その後にツイッターを頼りにジュリナの足取りを辿ると、警察との接触を契機に闇組織からは抜けたようだが、ガールズバーで働きながら個人で援助交際を続けていることが判明した。

銭は馬鹿隠し——。

少女がカネに翻弄されてカラダを売るように、宮田もいっときの夢をみた、大枚を叩いて。

平成三十年十二月　高木瑞穂

本書は『実話ナックルズ』2017年4月号から2018年9月号まで不定期で掲載した記事に大幅な加筆修正したものです。氏名はすべて仮名、年齢は取材当時のものです。尚、執筆にあたり、『サラリーマンより稼ぐ女子高生たち～JKビジネスのすべて』（拙著・コアマガジン）、『歌舞伎町「立ちんぼ少女」のリアル』（拙著・FRIDAY　二〇一二年五月二五日号）、児童買春・児童ポルノに係る行為等の規制及び処罰並びに児童の保護等に関する法律、売春防止法、感染症精報、児童福祉法、淫行条例を参照した。

高木瑞穂（たかぎ　みずほ）ノンフィクションライター。月刊誌編集長、週刊誌記者を経てフリーに。主に社会・風俗の犯罪事件を取材・執筆。近著に『売春島「最後の桃源郷」渡鹿野島ルポ』（彩図社）ほか。

Twitter（@takagimizuho2）

裏オプ

ＪＫビジネスを天国と呼ぶ〝女子高生〟12人の生告白

２０１８年12月12日　初版第一刷発行
著者　高木瑞穂
編集発行人　宮市徹
本文ＤＴＰ　サンゴグラフ
発行・発売　株式会社大洋図書
〒１０１－００６５　東京都千代田区西神田３－３－９　大洋ビル
電話：０３－３２６３－２４２４（代表）
印刷・製本所　大日本印刷株式会社

ISBN　978-4-8130-2279-4 C0095